KB234575

나답게 뜨겁게 화려하게

나답게
뜨겁게
화려하게

· 박효은 지음 ·

N 넥스웍

왜 공부하는가

나는 '실업계 전자공고 출신의 공기업 연구원'이다. 심지어 어학연수 경험 無, 전공 자격증 無, 영어 성적표 無. 즉 '3무(無)스펙'으로 사회에 뛰어들었다. 여전히 부족한 것 투성이이지만, 하고 싶은 공부를 하면서 나를 알아가기에 20대를 보냈다. 여기서 말하는 공부는 사회를 위한 것도, 기업을 위한 것도 아니다.

많은 이들이 의아해하는 것은 스펙도 없는데 어떻게 연구원이 되었느냐는 것이다. 그들의 질문에는 스펙만 있을 뿐 내 삶과는 결여되어 있다. 여건에 맞춘 일이 아니라 하고 싶은 일을 찾기에 애썼고, 수없이 부딪혀 보면서 지금의 일을 사랑하게 되었다.

4년제 대학을 졸업하는 동시에 학자금 빚이 생겼고, 사회는 생각하는 만큼 나의 모습을 인정해주지 않았다. 인정해주지 않는 사실은 나의 자만이자 현실이었다. 그럼에도 일을 배워야 했고, 또 공부해야 했다. 그렇게 고민하는 와중에 아버지의 건강을 회복해야 해서 일과 공부 둘 다 하지 못할 때도 있었다.

기초학력이 부족했던 나는 공부에 대한 갈망은 있었지만 한 번도 편하게 공부해본 적이 없다. '마음 편히 공부하는 것'이 꿈이 되어버린 간절함이 박사과정을 준비하는, 학회 〈우수논문발표상〉을 3년 연속 수상하는 지금의 나로 만들어주었다.

지금 생각해보면 내가 꿈꿔온 것들은 생각만큼 어렵지 않다는 것이다. 뭐든지 해낼 수 있었고, 목표에 도달했을 때에는 그것이 발판이 되어 또 다른 세상이 기다리고 있었다. 누구에게도 뒤처지지 않을 만큼 나를 인정하고, 사랑하고, 책임지는 자세가 필요했기 때문에 더 힘들었을지도 모른다.

쌍둥이로 태어나 인큐베이터에서 살아나온 나는 꿈의 크기만큼 현실을 키웠다. 스스로 단련하면서 한 발 더 앞으로 내딛게 하는 강인함을 선물해 주었다. 이제는 꿈꾸는 것을 현실로 만들면서, 모든 일은 하지 않을 뿐이지 못 할 일은 없다는 것을 깨닫게 되었다. 지나온 많은 시련은 시련이 아니라, 시련을 가장한 삶의 큰 축복이었다. 이렇게 다시 인생의 사계절을 맞이한다.

시간이 지날수록 '어떻게 꿈을 찾아 나답게 사는가?'에 대한 질문을 들으면서, 어떤 것으로 대변할 수 없는 내 삶의 이야기를 들려주고 싶었다. 꿈을 향해 달려 나가면서 스스로 깨우친 도전의 의미를 나누고 싶어 이 책을 썼다.

많은 이들은 원하는 대학에 입학하면서 성공의 가도를 그렸지만, 시간이 지날수록 당당하던 모습은 어디에도 없고 꿈을 잃어버린 채 현실에 우물쭈물하고 있다. 원하는 공부를 하면서 30대가 가까워 올수록 많이 이루었다면, 꿈에 더 근접해야 하는데 현실은 그렇지 않다는 것이다.

좋은 대학과 스펙 쌓기는 취업을 희망하는 모든 젊은이들의 꿈이 된 지 오래되었다. 많은 이들과 꿈과 미래를 이야기하면서 느낀 점이 하나 있다. 생각보다 새로운 경험에서 오는 두려움을 이기지 못하는 청춘들이 많다는 것이다. 꿈을 쓸데없는 '사치'라고 표현하는 이들을 보면 사실 행복하고 당당해 보이지 않는다. 그들에게 "정말 스스로의 인생을 책임질 수 있는 만큼 자신에게 솔직했는가?"를 묻고 싶다.

지금 이 글을 읽는 이들 중에 어떻게 꿈을 찾는지, 어디서부터 어떻게 해야 할지 모른 채 방황하는 이들이 많을 것이다.

스스로 생각하기를 즐기는 자만이 무한한 가능성에 닿을 수 있다. 이 책을 완성함과 동시에 독자들에게는 자기계발서가, 저자에게는 자기소개서 한 권이 이 세상에 나온 것이다. 불확실한 나의 모습을 실험대상으로 검증한 것처럼, 이 책을 통해 단 한 명이라도 '스스로 꾸는 꿈'의 의미를 깨닫게 된다면 그보다 더 큰 보람은 없을 것이다.

사회나 타인의 잣대에 의한 '주입식 인생'이 아닌 스스로 인생을 계획하는 '주도식 인생'으로 바꾸어야 한다. 그 처세가 얼마나 큰 변화로 돌아올지에 대한 답은 여러분에게 있다. 꿈은 꿈으로만 머무르지 않는다. 이루고자 노력하는 사람만이 그 다음의 꿈을 그릴 수 있다. 저절로 이루어지는 꿈은 없으니 인생을 운에 맡겨서는 안 된다.

바르게 꿈꾸도록 늘 응원하고 기도해주신 부모님, 묵묵하지만 가장 큰 기둥인 든든한 오빠 박상민, 늘 그늘이 되어주는 언니 박가은에게 마음 깊은 감사와 사랑을 전한다. 꿈꾸는 것과 연구하는 것을 제일 좋아하는 나는 이 세상 어디에도 없는 내 인생을 끊임없이 연구하여, 꿈에 산증인이 되도록 올바르게 살기를 약속드린다. 기회가 된다면 후속 책을 통해서도 꿈과 도전의 의미를 나눌 것이다. 어제와 같은 오늘이 없는 것처럼 우리에게는 내일이 있다. 지금의 일과 공부에 만족하지 못하다는 것은 꿈 앞에 자유롭지 못하다는 반증이다. 이 책을 읽는 당신에게 진짜 나답게 살기를 열렬히 응원 드린다.

2016년 5월

박효은

나답게 뜨겁게 화려하게

c o n t e n t s

1장

지금 나는
어디로 가고 있는가

갈대처럼 이리저리 흔들리며 지내는 날

　나는 실업계 고등학교를 졸업했다. 중학교 3년 동안 다닌 종합학원이 사교육의 전부였다. 인문계 고등학교에는 턱걸이조차 못할 성적이었기에 실업계 고등학교로 진학할 수밖에 없었다. 중학교 3년 동안 꼬박 들어간 학원비는 실업계 입학 통지서로 바뀌었다.

　그 시절의 나를 돌아봤을 때 후회하거나, 되돌리고 싶지 않은 것은 그 시절 또한 인생의 한 조각이기 때문이다.

　쌍둥이로 태어난 나는 태어나자마자 인큐베이터에 있다가 퇴원했다. 부모님은 천성이 약한 아이라 생각했고, 공부를 잘하기보다 건강하게 자라기를 더 바라셨다.

　실업계 고등학교를 다녔기 때문에 자연스레 공부의 필요성을 느끼지 못했다. 보고 자란 환경에서 자극을 느끼거나 큰 깨달음이 없는 무미건조한 날들이었다. 해가 지기 전에 하교하는 것이 특권처럼 느껴졌다. 빨리 어른이 되고 싶었다. 예쁜 옷을 구경하거나 주말에 놀 궁리만 했던 것 같다. 다른 친구들이 대학의 문을 두드리기 위해서 얼마나 치열하게 공부를 하는지 그땐 알지 못했다.

나보다 공부를 잘하는 사람은 자극제가 아닌 무언 속의 경계 대상이었다. 남들에 비해 지식이 부족하다는 것은 누구보다 내가 더 잘 알았기 때문에 자존감이 낮았다. 그런 나를 더 작게 만드는 것은 주변의 시선이었다. 공부를 못 한다는 이유로 가족에게서도 받지 못한 비교를 친구의 부모님께 받아야 했다. 그래서일까? 세상은 생각만큼 따뜻하지도 아름답지도 않았다.

실업계 고등학교는 일찍이 사회생활을 하도록 취업생을 양성한다. 3학년이 되면 대학 진학을 할 것인지, 취업을 할 것인지 정했다. 결정에 따라 각종 대기업이나 대학교에 원서를 지원했다. 대학교에 진학하는 친구들은 소수였다. 그마저도 취업이 잘되기로 유명한 학과나 부모님의 추천에 의해 진학하는 것이 대부분이었다.

대기업 취업은 인생의 2막을 새롭게 여는 보증수표 같았다. 하루빨리 돈을 벌고 싶은 마음과 동시에 안정된 직장을 가지는 것 자체로 미래를 단정 짓기에 충분했다. 그런데 막상 취업하자니 사회의 소모품이 되는 것 같아 싫었다. 한 번도 목숨 걸고 공부한 적이 없었기 때문에 색다른 도전이 필요했다. 도전보다는 공부를 해서 직업을 선택하는 자유를 누리고 싶었다. 졸업 후 취업은 그 많은 직업 중에 하고 싶은 일을 선택할 수 없다는 것 같았다. 슬프고도 막막한 현실이었다.

 / 나답게 뜨겁게 화려하게

인생의 목표가 없었기 때문에 꿈이 없는 것은 어쩌면 당연했다. 바로 취업하면 도전의 기회는 자꾸 멀어질 것 같았다. 직장에 들어가는 순간 타인과의 경쟁이 뻔하기 때문에 대학에 가고 싶었다. 돈이야 빨리 벌면 좋지만 다시 스스로에게 질문하기 시작했다.

"진짜 너의 꿈은 뭐니?"

* * *

문득 세련된 옷을 입고 한 손에 도면을 든 디자이너가 떠올랐다. 현장에서 생동감 있게 일하는 당당한 커리어우먼이 되고 싶었다.

'그래. 인테리어 디자이너가 되는 거야!'

디자인을 배워야 했기 때문에 대학교 입학은 더 절실해졌다. 원서를 쓰기 전에 2가지 목표를 세웠다. 고향인 포항에서 떠나는 것과 4년제 대학교에 입학하는 것이다. 당시 원서를 쓴 곳은 금오공과대학교, 계명대학교, 영남대학교 3곳의 건축학과와 대구대학교 실내건축디자인학과 총 4곳의 학교였다. 거창하지 않은 목표지만 나에게는 넘어야 할 큰 산이었다. 결과는 대구대학교 실내건축디자인학과 한 곳만 합격했다. 나머지 3개 학교는 어림없는 상향지원이었다. 현실을 정확히 인정해야 했던 순간이었다.

대학교를 입학했다는 사실로 만족스러웠다. 돈 주면 다 가는 곳이 요즘의 대학이지만 억지로 가지 않았고, 원해서 간 것이기 때문에 설렘으로 가득했다. 남들에겐 지방대에 불과하지만 나에게만큼은 최고의 대학이었다. 기회라는 문에서 마주한 학교였기 때문에 그곳이 아니면 받아줄 수 없는 냉정한 현실에 발을 들였다.

입학 이후 동기들은 모두 의도치 않게 견제의 대상이 되었다. '쟤는 수도권에 살아서 나보다 뛰어날 거야.', '인문계를 나와서 공부를 잘할 거야.' 등 알게 모르게 타인과 비교하는 습관이 있었다. 다행히도 견제하는 습관은 1학기가 지나자마자 사라졌다. 1학기를 마치고 성적표를 받은 날 상위권 성적이 나를 안심시켜 주었다. 성적표는 나의 선택이 틀린 것이 아니라는 심리 안정제로 작용했다. 그때부터 자신감에 박차를 가했고 졸업할 때 학과 3등으로 졸업했다.

대학생 때는 매사에 할 수 있는 것을 성취감을 느끼며 찾기 바빴는데 동기와 선후배들은 생각이 달랐다. 현실을 탓하며 주변과 비교하기 바빴다. '지방대이기 때문에 안 된다.'는 말을 입버릇처럼 달고 다녔다. '안 된다.'고 생각하는 그 마인드가 아무것도 못 하도록 잠재적으로 인식을 지배한 것은 아닐까?

한 곳에만 합격한 대학에서 냉정한 사회를 가늠했다. 지방대이기 때문에 몇 배의 노력을 해야만 사회에 나갔을 때 나란히 어깨를 견줄 수 있을 것이다. 남에게 인정을 바란다는 것은 기본적인 심리이지만, 그에 맞는 행동과 노력이 기본으로 있어야 한다. 스스로 한계 지으면서 아무 노력도 하지 않는 그들의 하루와 나의 하루는 무게 자체가 달랐다.

나에게 대학 시절은 보통의 날이 아니라 이겨야 할 날이었다. 현실 속에서 이 길이 맞는 선택인지 스스로 점검하면서 미래를 준비해야 했기 때문이다. 스스로 선택한 것에 책임지는 것은 생각보다 힘들고 어려웠다. 때로는 미래를 계획하고 준비하는 친구들이 부러웠다. 오기 하나로 대학에 와서 꿈을 찾는다고 아등바등하는 내 자신이 안쓰럽기도 했다. 그래도 다행인 것은 현실이 어떠하든 간에 최선을 다하면 다할수록 그 다음 꿈의 길은 어렴풋이 보였다.

* * *

10대의 주입식 교육에는 실패했지만, 20대의 자기주도에서만큼은 늘 선두이고 싶었다. 그때부터 원하는 것은 바로 실행으로 옮겼다. 빨리 실행할수록 발전으로 이어지는 사실을 알았기 때문이다. 이 평범한 진리를 대학 졸업 무렵에 깨닫게 되었다. 공부의 과다한 결핍 때문일까? 대학교를 졸업하면 안정된 직장으로 갈 줄 알았지만, 공부의 끈을 쉽게 놓기 싫었다.

아쉬웠던 부분은 주변에 미래를 벤치마킹할 수 있는 사람이 없었다. 실력은 남들보다 늘 부족했기 때문에 모든 시작은 늘 도전이었다. 다행인 것은 이루어놓은 것이 없기 때문에 우회할 수 있는 길이 많았다. 포기도 빨랐고 판단도 빨랐다. 백지 도화지에 원하는 그림을 그리는 마음이었다. 마음에 따라 그리고 싶은 그림만 그리기로 했다. 하늘의 구름이 예쁘다고 해서 본 대로 그리지 않았다. 예쁜 모습의 본질을 찾기에 집중했다. 그리고 하고 싶지 않은 것은 내려놓았다. 그렇게 인생의 지름길로 앞서기도 하고 돌아가면서 배운 것들에서 스스로 선택하는 자유를 찾고 주체성을 찾았다. 보이지 않는 확신은 꾸준히 앞으로 달리게 하는 원동력이 되었다.

대학교 4학년, 취업을 앞두고 전반적인 20대 계획이 필요했다. 회사의 모집 공고 기준으로 대변할 수 없는 인생을 계획하고 그 범위 안에서 직업을 찾기로 했다. 20대 안의 목표는 직장 경력을 쌓는 것과 석사

학위 취득이었다. 35~36세 안에는 박사학위를 취득하기로 마음먹었다. 현재 20대인 나는 인테리어 디자이너와 연구원이라는 직업을 가졌고, 공학석사 학위를 받았다. 20대 안에 스스로 세운 목표는 멋지게 달성했다. 목표의 크기가 중요한 것이 아니라 마음먹은 것은 꼭 달성하는 것이 중요하다. 결국 이루는 것과 미루는 것 모두 습관이다. 만일 스스로 미래를 고민하지 않았더라면, 홀로 고군분투했던 경험들을 맛보지 못했을 것이다.

* * *

공부는 특별한 것이 아니다. 하고 싶은 것을 끊임없이 생각하고 방법을 배우는 것이다. 사회의 어떠한 성공점에 도달하지 못한 내가 글을 쓰는 이유는 '꿈 앞에 법은 없다.'는 확신 때문이다. 실업계 출신인 내가 공부를 '잘'하지 말라는 법도, 정해진 일만 하고 살라는 법도 없다. 스스로 계획하는 인생만이 실패와 성공 모두 행복으로 이어준다. 배움은 물론 좋은 것이지만 계속해서 의구심이 든다면 분명히 답을 찾고 나가야 한다.

실업계 출신 연구원인 나의 무스펙 경험들이 사교육으로 멍든 사회에서 진정한 꿈을 찾는 소중한 깨달음이 되기를 희망한다. 현실은 절대 꿈 앞에 핑계가 될 수 없다. 꿈을 성취하기에 필요한 것은 주어진 운명이 아니라, 그에 따른 시간과 공부이다. 우물쭈물 주저앉기에는 미래가 너무 밝은 우리는 아직 20대이다.

목표의 크기가 중요한 것이 아니라
마음먹은 것은 꼭 달성하는 것이 중요하다.
결국 이루는 것과 미루는 것 모두 습관이다.
만일 스스로 미래를 고민하지 않았더라면,
홀로 고군분투했던 경험들을 맛보지 못했을 것이다.

남의 인생을 사는 듯한 느낌이 드는 것은

　회사에 다닐 때 미처 그리지 못한 도면이 생각나 공휴일에 출근한 적이 있다. 업무를 끝내고 오후에 친구와 만날 생각에 들떠 있었다. 하지만 출근하니 상황은 달랐다. "내일 쉬어도 좋다."는 사장님의 말에 나만 속은 기분이었다. 나와 같은 이유로 모두 출근한 것이다. 사장님의 눈을 피해 어쩐 일로 나왔는지 사람들에게 묻다가 피식 웃고 말았다. 도면 때문에 나오지 않았더라면 게으른 사원으로 찍히기 딱 좋았다. 해야 할 일은 일찍 끝났지만 친구는 다음에 만나기로 했다. 자연스레 퇴근시간까지 회사에 있었다.

　해야 할 일을 마쳤음에도 불구하고 군말 없이 앉아 있는 시스템에 의문이 들기 시작했다. 이런 시스템을 자처하는 사람들은 회사뿐만 아니라 어디를 가나 꼭 있다. 우직하기보다 미련해 보였다. 마치 방 안의 코끼리를 보는 것만 같았다. 좁은 방에 들어와 있는 코끼리를 생각해보자. '방 안의 코끼리'라는 말은 좁은 방 안에 무시할 수 없는데도 무시되고 있는 진실을 일컫는 말이다. 코끼리는 스스로 걸어 들어온 것이 아니라 환경에 의해 만들어졌을 확률이 크다.

가만히 앉아 있는 그들에게는 어떠한 의무도 생산성도 없다. 뺏길 일 없는 자리만 고수하는 것이다. 답답한 현실은 방 안의 코끼리를 치우자고 말하는 사람도 없고, 스스로 나갈 생각도 하지 않는다. 이처럼 모두가 알고 있지만 말하지 않는 진실은 주위에 넘쳐난다. 권리를 주장하지 못하는데 생산성마저 없다면 붕 떠버린 시간의 의미는 무엇일까? 그들은 무엇을 위해 자리에 앉아 시간을 보내는 걸까?

* * *

인테리어 회사에서 일하던 시절 급여는 만족할 수준이 아니었다. 업무를 돈으로 환산하기보다 배움으로 환산하는 마음을 가졌다. 선배들은 하루라도 빨리 배워 회사를 차리는 사람이 성공한다고 이야기했다. 급여와 업무 강도를 생각해 볼 때 이득은 돈이 아니라, 하나라도 더 배우는 자세였다. 급여가 적은 사실을 인정해야 했던 것은 사회 초년생의 업무 수준이 딱 그만큼이라는 사실이다. 높은 연봉을 바랄수록 많은 것을 스스로 배우는 기회를 거부하는 것일지도 모른다. 급여가 적은 것은 백 번이라도 괜찮았다. 반드시 지나야 하는 과정일 뿐이다.

하지만 밤샘 업무의 연장은 날이 갈수록 나에게 질문을 던졌다. 고객들과의 회의를 하면 디자인이 한 번에 결정 나기 어렵다. 고객은 설계 시간을 기다려주지 않고 빠른 시일 내에 원하는 디자인을 요구했다. 회의만 마치면 달라지는 계획 때문에 끝나기 무섭게 시간 전쟁이 시작되었다.

나에게 갑은 회사였고, 회사에게 갑은 고객이었다. 업무의 양을 모르는 고객은 대부분 내일이나, 최대한 빨리 수정해주기 원했다. 평면도, 입면도를 시작으로 3D 이미지까지 완성하기에 시간은 절대적으로 부족했지만 해야 했다.

왜? 나는 디자이너를 꿈꾸는 신입이니까.

* * *

한국노동사회연구소의 '연장근로시간 제한의 고용효과' 보고서에 따르면 지난해 우리나라 근로자의 총 근로 시간은 2,285시간으로 OECD 회원국 중 가장 많았다. 야근 없는 회사, 주5일 근무가 근로 규정임에도 많은 이들의 선망 대상이 되기도 한다. 주말에 회사에 나오는 것이 어색하지 않은 오늘이다.

근로 규정은 열심히 공부해서 취업한 대가치고는 너무 큰 욕심일까? 대학만 졸업하면 보장되는 사회라고 생각했는데, 졸업이라는 문턱을 마음에 들도록 넘기에는 준비해야 할 것이 너무 많다. 등록금도 모자라 각종 자격증을 준비하는 비용 대비 노동의 대가는 그렇게 허무할 수가 없다.

스위스는 직업학교가 활성화되어 있다. 대학교 진학률은 20%에 불과하다. 스위스 능력개발 원장은 한국의 대학 진학에 대해 이렇게 말했다.

"한국의 지나치게 높은 대학 진학률을 낮출 필요가 있습니다. 시장에서의 수요에 따라 직업인을 양성한다면 직업별로 보수나 대우에서 차별이 없어지게 됩니다.”

일은 필요한 것을 얻기 위해 노력하는 활동이다. 일을 통해 능력을 발휘하고 보람을 느낀다. 하지만 열심히 일을 해도 원하는 것을 얻기에는 무기력한 느낌을 지울 수 없는 사람이 태반이다. 두통과 근육통은 말할 것도 없다. 증상이 지속되면 매 순간이 불안하고 스스로 선택하는 범위가 자꾸 없어진다. 책임 회피의 경향까지 불러온다. 타인의 시선마저 반갑지 않다. 이런 현상을 번아웃 증후군^{Burnout Syndrome}이라 말한다.

정신과 원장 김진세 씨는 번아웃 증후군은 정확히 말하면 의학적인 진단명이 아니라고 말한다. 정신적 관점에서 스트레스, 만성피로, 우울증 사이의 경계가 애매하다는 것이다. 확실한 것은 증상을 계속 방치할 경우 결코 행복해질 수 없다. 자신이 번아웃 증후군에 빠졌다는 생각이 들면 세 가지를 먼저 생각해보라고 권한다.

* * *

첫 번째 속도를 줄여야 한다.

신입시절 속도는 더디고 실수는 잦았다. 회의에 실제 참여하지 않았기 때문에 반영된 의견을 정확히 파악하지 못했다.

“하루면 되죠?”

이 말에 밤을 꼴딱 새서 이미지를 만들어도 수정되는 것은 부지기수였다. 극심한 스트레스가 시작되면서 업무는 과중해지는데 진척되지 않아 무척 속상했다. 급기야 현장으로 외근 나가서 일하던 날, 하혈과 코피가 났다. 그날의 컨디션은 어땠는지 양치를 할 때마저 목에서 피가 올라왔다. 쌓여 있는 업무량을 알고 있었기 때문에 잠시 병원에 다녀온다는 말조차 못 했다. 그때는 몸보다 일이 우선이었다. 아픔을 감추면서 눈치를 보게 된 나를 발견했을 때 이미 번아웃 증후군에 걸린 것 같았다. 일의 중심에 자신이 배제된 경우 브레이크 없는 자동차를 탄 것과 같다. 그 불안한 심리를 수반하여 계속 일하게 되면 멈출 수 있는 상황은 자꾸 멀어진다. 꾸준히 달리기 위해서라도 때로는 멈추어야 한다.

두 번째, 주변의 도움을 받으라는 것이다.

힘든 상황이 오면 에너지가 원치 않은 곳으로 쏠리면서 모든 것을 포기하고 싶어질 때가 있다. 나는 무기력한 상태를 제일 싫어하고 무서워한다. 무기력을 일으켜 세우기 위해서는 얼마나 큰 자력이 필요한지 알기 때문이다. 그래서 주변의 무기력한 사람들을 보면 어떠한 말로 위로해야 했다. 혼자 갇혀 있는 시간을 어떻게든 없애주고 싶었다.

완벽 주의보다 누군가와 함께 공유한다는 것은 스트레스를 해소하는 훌륭한 방법이다. 고민도 과다한 업무도 도움을 청해야 한다. 때로는 친구와의 수다만으로 나아질 수 있다. 할 수 있다는 욕심 때문에 일을 손에서 놓지 못하는 것만큼 어리석은 생각은 없다. 효율적인 일을 위해서 나누는 것도 스킬이다.

세 번째, 인생의 목표를 다시 한 번 돌아보아야 한다.

인생이라는 항해의 여정을 스스로 설정하지 못한다면, 면허 없이 운전하는 것과 같다. 무면허 운전 사고가 당연한 것처럼 인생의 길을 가다가 잃어버리기 쉽다. 취업을 했다는 이유 하나만으로, 일 때문에 너무 많은 것을 포기한다. 연애, 결혼, 출산을 포기하는 현 시대를 보면서 옳은 길이 아닌 것은 누구나 알고 있다. 모두가 자신 또한 그러지 않기를

  / 나답게 뜨겁게 화려하게

바란다. 생각은 No를 외치면서도 행동은 Yes에 끌려가지 않아야 한다.

일의 속도가 늦다고 해서 인생의 속도가 늦은 것은 아니다. 마찬가지로 일만 잘하는 사람이 모든 면에서 뛰어난 것은 아니다. 해야 할 일들의 순서만 바꾸어도 균형 있는 목표에 도달하기 쉽다. 상황 때문에 잠시 미루어 둔 것이 있는지, 잊어버린 다짐은 없는지 돌아볼 필요가 있다.

* * *

우리는 행복할 권리가 있다. 인생은 스스로 살아갈 때 행복하다. 변화할 것 같지 않은 내 모습도 원하고 믿는 만큼 변화할 것이다. 정해진 매뉴얼대로 맞춰가는 인생 말고, 스스로 권한을 줄 수 있는 생각의 힘을 키워야 한다.

꿈과 현실이 일치하지 않는다면 품고 있는 씨앗을 확인해야 한다. 변하는 것은 물리적인 조건이 아니다. 마음먹은 만큼 찾는 내 모습이다. '어쩔 수 없다.'는 핑계 속에 자신을 가두지 말고, 물음에 답할 수 있어야 마음에 품은 씨앗이 제대로 자란다.

만약에 그때로 돌아간다면

자신의 어린 시절을 떠올리는 것만으로도 사람들은 행복한 기분을 느낀다. 단순히 떠올릴 때는 행복한 기억이지만, 과거를 되돌리고 싶을 때는 그 시절의 선택을 달리 선택했어야 하는 후회가 막심하다. 과연 시간을 되돌릴 수 있는 능력을 가졌다면 우리는 어떤 선택을 할까?

* * *

영화 〈어바웃 타임〉에 등장하는 주인공 '팀'의 가족에게는 특별한 비밀이 있다. 바로 시간을 되돌리는 능력이다. 그 능력을 이용해 첫눈에 반한 여인과의 사랑에 성공했다. 연애 실수를 할 때마다 상황을 되돌려 만회한다. 어설픈 대시의 순간도 되돌렸고, 뜨거운 밤은 리플레이하면서 인생을 원하는 모습대로 조정한다. 하지만 과거로 돌아가 그녀와의 사랑이 완벽해질 뿐 주변 상황은 점점 엇갈리기 시작한다. 과거의 한 시점으로 돌아가면 그 순간만 나아질 뿐 앞으로 인생은 예측할 수 없다는 교훈을 주었다.

과거로 돌아간다면 과연 만족스러울까? 하나의 문제를 해결해도 주변은 내가 바라는 대로 온전할까? 시간을 되돌리는 것이 인생의 해결책은 아니다. 과거로 돌아가는 순간은 바뀔지언정 미래가 안전하다는 보장은 없다. 팀은 과거로 되돌아가면서도 선택의 순간에 확신이 아닌 의문을 가질 때면 막막한 심정을 드러냈다.

"어떻게 인생을 살란 말인가?"

* * *

뒤늦게 공부에 적성을 찾은 나의 과거를 떠올려 보았다. '공부의 재미를 일찍 알았다면 원하는 목표를 빨리 이루었겠지?', '더 똑똑한 사람이 될 수 있었을까?'라고 생각해 보았지만 과거가 나를 만들었다 생각한다. 10대의 나는 공부는 못 해도 인성은 바르고, 20대의 나는 모자란 부분을 채우는 데 열심히 정진했기 때문이다. 상황이 풍요롭지는 않았지만 희망은 늘 나의 곁에 있었다. 부모님도 간혹 나에게 아쉬움을 내비친다.

"효은이는 공부가 재밌나 봐…… 진작 이렇게 했더라면 서울대는 갔겠다."

부모님의 기대치가 올라갈수록 이제까지 해온 선택이 맞았다는 생각이 들었다. 꿈을 찾기 위한 노력을 잊지 않아서 잘했다는 생각이 든다. 여기까지 올 수 있었던 것은 중, 고등학생 시절의 철부지인 내가 있었기 때문이다. 돌아보면 삶의 어떤 부분도 쓸모없는 시간은 없었다.

10kg 가까이 살이 쪘을 때가 있었다. 5kg만 쪄도 외형상 드러나기 마련인데 10kg이나 쪄버리니 작은 키에 참 볼품없었다. 체감하지 못했지만 사진을 찍을 때 확연히 드러났다. 스스로 알고 있는 사실을 주변에서 이야기하니 더 우울해지기 시작했다.

"어머, 네가 살이 찌다니~ 체질이 바뀌었어?"

"몰라보겠다. 예전에는 예뻤는데……."

사람들의 반응은 점점 나를 세상과 멀리하게 했다. 예쁘다고 자부했던 내 모습을 잃으니 대인기피증에 걸렸다. 사람들의 날씬하고 예쁜 내 모습만 기억해주길 바랐다. 박효은이라는 사람을 못생기고 뚱뚱한 사람으로 기억하는 것이 싫었다. 10Kg이나 쪄버린 내 모습이 사람들의 기억에 남을까 봐 두려웠다. 자연스레 모임의 참석도 줄어들었고, 연락도 회피했다. 늘 살찌기 전의 사진을 들여다보며 이게 내 모습이라 위안했다.

사람을 만날 때면 예전 사진을 보여주며 지금의 모습은 내 모습이 아니라며 두둔하기 바빴다. 그때 필요했었던 것은 후회가 아니라 예전 모습으로 빨리 돌아오는 것이었다. 사람들은 말하지 않아도 너무나 잘 알고 있는 현실을 콕 집어 말했다. 그럴수록 사진 속에 멈춰 있는 순간을 나라고 믿고 현실을 인정하지 않았다. 하지만 사진 속 예쁜 모습이 가짜임은 적어도 스스로는 알고 있었다.

SNS에 과거의 예쁜 모습만 습관적으로 올리는 사람들이 있다. 지금보다 그 시절이 더 마음에 드는 것이다. 문제는 그 시절 이후로 예뻐지기 위한 노력을 하지 않는다. 지나치게 과거에 연연하다 보면 소중한 지

당장 변하는 인생은 없다.
이것은 누구에게나 공평한 조건이다.
주어진 환경에 따라 속도의 차이는 있을 수 있지만
해보기도 전에 백기를 들지 말아야 한다.
꼴찌라도 묵묵히 노력하다 보면
자력으로 승리하는 날은 분명히 온다.

금을 잃는다. 행복을 찾는 방법은 과거 사진으로 나를 추억하는 것이 아니라 운동이다. 과거보다 더 아름답기 위해서 지금을 변화시켜야 한다.

현실은 불만족스러운 푸념밖에 없으니 과거로부터 발전이 없다. 꼭 과거에서 답을 찾을 필요가 없다. 시계는 지나간 시각을 가리키지 않는 법이다. 지금 우리가 할 수 있는 일에 집중해야 한다.

* * *

오늘날 대부분의 사람들이 간과하는 사실은 지금 내 모습은 내가 선택한 것들로 이루어졌다는 사실이다. 원치 않는 현실이라고 해서 부정할수록 자신을 들여다 볼 수 없다. 삶의 기준을 오늘에 맞추느냐 과거에 맞추느냐에 따라 하루를 시작하는 마음가짐이 확연하게 달라진다. 과거보다 오늘에 주목하자. 핑계가 많은 것은 해결할 일을 변명으로 대변하는 것이다. 그럴수록 안 되는 이유들만 늘어날 뿐이다.

대학교 첫 1학기 때까지는 인생이 불만족스럽고 과거부터 잘못되었다는 생각이 절대적이었다. 그 생각이 달라지는 순간은 감정을 털어내 현실을 받아들이는 순간이다. 깨트려야 사람답게 살 수 있다. 모든 배움에는 즐거움이 있는 법이다. 공부를 못 했기 때문에 공부하는 것 자체에 즐거움을 느꼈다. 그때부터 세상을 대하는 나만의 원칙을 만들어 갔다.

당장 변하는 인생은 없다. 이것은 누구에게나 공평한 조건이다. 주어진 환경에 따라 속도의 차이는 있을 수 있지만 해보기도 전에 백기를 들지 말아야 한다. 꼴찌라도 묵묵히 노력하다 보면 자력으로 승리하는 날은 분명히 온다.

 / 나답게 뜨겁게 화려하게

현실에 머무르는 사람들은 "그때의 생각이 틀렸어.", "지금은 내가 원하는 삶이 아니야." 등 스스로를 자책하기 바쁘다. 힘든 상황의 내면에 적극적으로 이유를 찾는 것은 변화의 기회이다. 지금 변하고자 하는 마음은 엄청나게 큰 보물이다. 아쉽게도 많은 사람들은 보물을 마음에 간직하고도 보물인지 모른다.

'모든 문제는 우리가 방에 가만히 앉아 자신과 단둘이 마주하려고 하지 않기 때문에 발생한다.'는 말이 있다. 자신의 삶을 진실하게 돌아보아야 한다. 과거에서 답을 찾는 것이 아니라 현재에 집중해야만 똑같은 과거를 피할 수 있다.

삶은 뜻대로 되는 것이 없는 것을 많이 느꼈다. 행복할 줄 알았던 결말이 어중간해지기도 하고, 예상치도 못했던 곳에서 행복이 찾아왔다. 이렇게 한 치 앞을 볼 수 없는 것이 인생이다. 시간이 지날수록 미래를 보았고, 무엇이든 할 수 있다는 신념으로 스스로 점검하기에 마음을 쏟았다.

* * *

"20대로 돌아가면 무엇을 하고 싶은가?"

이 질문에 세계적 경영사상가 세스 고딘은 이렇게 답했다.

"나는 지금의 내 모습이 좋고 이렇게 되기 위해 많은 노력을 했다. 원하는 대로 모든 것이 되지는 않지만 결과보다는 과정이 중요하다. 시간을 낭비하지 말고 항상 괜찮아질 것이라고 긍정적으로 생각하며 도전해라."

현재Present인 지금이 선물이다. 지금부터 의미 있는 하루를 시작하면 의미 있는 인생으로 이끌 수 있다. 과거의 후회 또한 인생 공부를 위한 값진 수업료다. 지금에 집중하면 꿈은 바라는 대로 열릴 것이다.

오늘이 가장 아프고 힘든 시간이다

'노력은 배신하지 않는다.'라는 말이 있다. 그렇다고 해서 이 말은 모든 순간에 공통적으로 작용하는 것은 아니다. 대학에 들어가기 위해 공부를 하며 코피를 쏟는다. 틈만 나면 공부한 덕분에 원하는 대학교에 진학했다. 학비 마련과 학점, 스펙 관리로 시간을 투자했지만 졸업이 다가오자 또 준비할 것이 점점 생겨난다. 노력은 남들에 비해 많이 했지만 친구가 부모의 지원 아래 미래를 준비하는 것을 보면서 여태 노력했던 것들이 허무할 뿐이다. 이렇게 불공평할 수가!

* * *

2016년 3월 통계청의 조사에 따르면 청년 실업률이 12.5%로 최고 수치를 기록했다. 사상 최악의 실업률에 현실에 대한 막막함은 이루 말할 수 없다. 예전 기성세대에 비해 조건이 넘쳐난다. 영어에 무지한 상사들이 토익 900점을 요구하면서 '아무것도 아니다. 견뎌라. 문제는 너에게 있다.'는 어조로 훈계가 시작된다. 사회가 발전한 만큼 필요한 조건이긴 하지만 이미 상식적인 선을 넘었다. 기성세대의 조언은 공감은커녕 세대 간 대립 구조로 변하기 쉽다. 경제적 성장과는 무관하게 질적으로 비례하는 좋은 일자리는 줄어들었다.

사회생활을 시작하기에 우리에게는 시작선조차 너무 멀게만 느껴진다. '노력=성공'이라는 등식이 파괴되면서 무엇을 해도 희망이 없다는 절박한 위기에 이미 익숙해졌다. 얼마나 절박하고 힘든지 모르는 어른들이 '나 때는 말이야.'가 나오면 듣지도 않게 된다.

* * *

살기 위해서 견디는 것이 능사가 아니다. 현실적으로 아프니까 견뎌내는 청춘 말고, 원하는 목표에 눈을 낮추는 것 말고, 분명 나만의 길이 있다. 그리기만 하면 되는데 못내 시작하지 못하는 것은 현실 때문일까? 여기까지 버틴 미련 때문일까? 절대적인 나만의 생각이 필요하다.

하지만 세상에 무시할 수 없는 룰이 있다. 나만의 길을 찾았다고 해서 모두가 성공에 이를 수 없다. 참 무섭고도 공평한 룰이다. 노력만큼의 대가라고 하면 억울할 것은 하나도 없다. 세 명만 어울려도 앞서가는 친구와 따르는 친구가 있다. 구조화된 사회에서 무엇을 하든 차별화 전략은 꼭 필요하다. 무조건적인 열심히는 지치게 하는 재료이지 열정의 재료는 아니다.

한 인터뷰에서 일본의 고독의 작가 마루야마 겐지는 "이제 막 인생이 시작되었을 뿐인데 모든 것을 다 안다는 표정을 짓는 것은 바보 같은 짓"이라 이야기한다. 우리에게 필요한 것은 생각의 자립이다. 다음은 미루야마 겐지의 한 인터뷰 내용의 일부이다.

"사람은 원해서 태어난 게 아니다. 부모의 생각 없는 결정에 의해 험난한 세상에 나왔다. 살아갈 목적을 스스로 찾아야 한다. 그런데 요즘 젊은이들은 자신의 길을 힘들여 찾으려 하지 않고 세상이 하라는 대로 대학에 가고 회사원이 된다. 그들에게 가정과 국가, 종교 그 어느 집단에도 의존하지 말아야 한다."

"태어나보니 지옥인데 왜 계속 살아야 하는지 궁금했다."

"간단하다. 태어났으니 살아야 한다. 모처럼 생명을 갖고 세상에 왔으니 전부 보고 죽는 게 좋지 않은가. 단, 처음부터 기대는 하지 말아야 한다. '아무리 비참한 일이 일어나도 즐겨 주겠어.'라는 정신이 필요하다. 절체절명(궁지에 몰려 살아날 길이 없게 된 막다른 처지), 고립무원(고립되어 도움을 받을 데가 없음), 사면초가(적에게 둘러싸인 상태나 누구의 도움도 받을 수 없는 고립 상태에 빠짐을 이르는 말) 등의 궁지에 삶의 핵심이 숨어 있다. 그 안에서 몸부림을 치는 자신을 한 발 떨어져 바라볼 수 있는 것이다."

* * *

주변의 권유와 남의 꿈대로 좇아 살다가 포기하게 되면 다시 일어나지 못하는 이 시대의 청춘들은 스스로 생각하는 힘이 절대적으로 부족하다.

'진짜 내가 원하는 인생으로 살고 있는지?'

'살아가는 이유는 무엇인지?'

얼마나 많은 사람들이 '오늘'이라는 시간 앞에 당당할 수 있을까?

* * *

현재의 시간은 언제나 고정적이지 않다. 앞으로 변화의 시대를 생각하고 대비해야 한다. 순응해서 살기에는 미래의 넘어야 할 벽은 너무 높다. 공부하는 이유, 돈을 모으는 이유도 미래를 위한 것이지만 우리의 꿈도 미래를 위해 조금씩 발전해야 한다. 젊음은 소중하고 또 소중한 인생의 계절이다.

경기도 남양주시에 위치한 '잇다제과'는 입소문난 디저트 맛집이다. 가게 크기는 10평에 불과하고 가게 간판도 없지만 TV 프로그램 '서민갑부'에 등장한 신세대 장사의 고수다. 이십 대 중반 명문대 출신의 그녀는 2013년부터 홀로서기를 시작했다. 일주일에 두 번만 가게를 연다. 하루 5시간만 운영하는데 오픈하기도 전에 손님들이 줄을 선다. 하루 매출 평균적으로 400만 원을 기록한다. 휴일에는 정기적으로 서울의 프리마켓에 가기도 하며, 혼자 시작했던 마카롱 사업은 네다섯 명의 직원까지 고용해 사업을 확장시켰다. 직원은 늘었지만 가게 평수와 판매 방식은 그대로이다. 퀵, 택배, 도매, 납품 교육클래스는 하지 않는 것 또한 대표만의 운영 철학이다. 고수는 적어도 스스로는 차별화하는 방법을 알고 있다.

* * *

대학에서 졸업을 앞두고 성적표를 보고 있자니 뿌듯함보다 걱정이 앞선다. '사회가 날 보기나 하겠어?'라는 생각에 도통 잠이 오질 않는다. 적당한 노력만으로는 사회는 내가 어떤 사람인지 알려고 하지 않고 알 필요도 없다. 실패해도 좋은 이유, 당장 돈을 못 벌어도 좋은 이유는 통찰하는 힘을 길러주기 때문이다. '잇다제과'의 사장님도 처음에는 혼자서 프리마켓으로 시작했다. 누구에게나 처음이라는 선은 비슷하다. 끝까지 성장하게 하는 힘은 포기하지 않는 자세에 있다. 일주일에 이틀, 총 10시간을 일한다고 해서 쉽게 돈을 벌 수는 없다. 영업 전 이틀 꼬박은 주문량에 맞추어 마카롱을 만들어야 한다. 직원을 보내고 나서는 신메뉴 개발에 힘을 쓴다. 재료도 매일 다르게 최상의 것만 쓰면서 색다른 마카롱을 선보인다. 고수에게는 고수만의 비결이 있다. 매출이 노력을 담은 비결을 증명해준다.

남의 삶은 모방될 수 있지만 똑같은 삶을 살 수는 없다. 미래에 일어날 일마저 예측할 수 없는데 언제까지 남의 인생에 맞추어 내 꿈을 조정할 것인가? 오늘은 변화가 필요한 시간일 뿐이다. 분명한 것은 이 각박한 시대 속에서도 참된 즐거움을 가지고 사는 사람들이 진정한 부자다.

대학 졸업 후 인생이 연결되지 못하면 위기가 찾아온다. 맞지도 않은 일을 꾸역꾸역 하다 물러 터져 업종을 변환한다. 그들에게 요즘 삶이 어떤지 물었다. 홀가분하다는 말과 함께 진작 알았어야 한다는 지난 시절의 후회를 떠올린다. 취업을 해서 적성에 맞지 않은 일을 하는 참는 도전보다 그 모든 것을 감당하고 돌아서 스스로의 성향을 파악하는 것, 내려놓는 것에 대한 도전이 더 큰 도전이다.

'청년층 첫 일자리 전공 일치 여부 조사'에서 전문계고가 68.1%, 전문대 78.1%, 4년제 대학은 무려 80.7%의 전공불일치 비율이 나타났다.

그야말로 '전공 따로, 일자리 따로'가 고착되었다. 고학력일수록 전공이 불일치한다는 것은 학교를 위해서 달려가야 했던 노력은 나의 꿈이 아니라 사회의 절대적 기준임을 이야기한다. 불확실한 오늘이 어쩌면 당연하다. 지나친 스펙 쌓기에 불필요한 시간과 비용을 낭비하고 있다. 대학은 취업률을 눈속임하기 바쁘고, 실무 현장에서는 적합한 인재를 양성하지 못한다. 채용 후에도 승진에 따른 과도한 경쟁으로 성장의 소모적 구조가 반복되고 있다. 정말 좋은 직장이 우리의 꿈일까?

* * *

'공부가 가장 쉬웠어요'의 저자 장승수 씨는 막노동꾼 출신에서 서울대 수석합격자로 유명하다. IQ 113에 내신 5등급인 그는 고교졸업 6년 만에 서울대 수석을 차지했다. 하지만 지금 20대에게 하고 싶은 이야기는 따로 있다.

"잡스라는 분을 요즘 젊은 친구들이 보면 무지무지하게 힘이 날 것 같은데요. 제가 만일 스무 살 때 잡스라는 분을 알았다면 인생이 확 달라보였을 겁니다. 서울대 가려고 그렇게 죽기 살기로 발버둥치지 않았을 겁니다."라고 이야기한다.

변호사가 된 그는 원하는 것을 다 이루었을까? 아니다. 그는 변호사를 그만두면 다시 대학에 갈 수도 있고, 천문학 책을 보고 싶다고 말한다. 사회적 성공까지 부여 쥔 사람도 새로운 꿈을 향해 움직인다. 가슴을 진정으로 뛰게 하는 꿈이 있다면 해야 할 생각은 힘든 시간 속의 재미를 찾는 것이다.

포기가 나날이 늘어나는 와중에 신조어는 등장이 아니라 추가다. 연

애, 결혼, 출산, 인간관계, 내 집을 포기하는 것이 5포 세대라면, 꿈과 희
망까지 저버리는 것이 7포 세대이다. 과연 우리는 무엇 때문에 인생의
소중한 것을 포기하면서까지 힘든 인생에 동참해야 할까? 아프고 힘들
어서 포기하는 것 뒤에 숨겨진 카드는 희망과 절망 두 개의 카드다. 사
회 때문에 꿈도 희망도 없는 인생의 희생자가 될 필요는 없다.

스펙 중독에서 벗어나라

"선배는 어떻게 취업 했어요?", "정확히 하는 일이 뭐예요?", "앞길을 잘 모르겠어요.", "대학원 진학이 맞는 길인지 모르겠어요." 등 후배들이 많은 질문을 한다. 내가 말한다고 해서 100% 정답이 아니다. 그래서 나는 정답보다 생각을 공유하는 편이다. 왜 이 길을 걸어왔고 일을 하고 있는지, 앞으로 어떤 계획이 있는지 대화하면서 스스로 힌트를 찾길 바라는 마음이 크다.

그 다음으로는 나의 이야기보다 후배의 이야기를 듣는다. 몇 년 차이의 선배가 얼마나 많은 답을 줄 수 있겠는가? 정확한 길을 제시해 줄 수 없다. 조금 더 나은 생각을 하도록 돕는 것이다. 생각하는 것을 나누는 것만으로 그 시간은 나에게도 의미가 크다.

* * *

과연 학벌이 우리의 미래일까? 취업에 실패했을 때 어떤 요인을 가장 크게 생각하는지에 대한 조사를 보았는데 흥미로웠다. 대부분의 사람들은 취업 실패 결과를 '학벌'로 인식하고 있다. 노력도 하기 전에 학벌 때문에 손해라고 생각하는 것이다. 손해라고 생각하는 이유는 서류전형에 계속 탈락해서, 학교별 서류 필터링 기준이 있다고 해서, 학교별 취업 양극화가 심해서, 교수나 선배의 도움받을 기회가 없어서, 모교에 채용설명회 등의 기회가 없어서 등 다양했다.

학교 선배에게서 듣는 조언마저 답답한 푸념일 뿐이다. 학벌이 부족해서 안 된다는 우스갯소리에 패배의식이 담겨 있다. 선배들 스스로가 학벌이 부족했기에 취업에 유리한 조건을 알려주는 조언이 전부이다. 취업 대신 인생을 논하는 선배들은 별로 없다. 왜냐하면 그들 스스로조차도 인생에 대해 고민하는 것이 무척 어렵기 때문이다.

대학가는 늘 불안으로 넘친다. 마음 놓고 놀아도 불안하고 미친 듯이 공부해도 불안하다. 취업문은 나날이 좁아지는데 해놓은 게 없다는 생각에 졸업을 미루는 것을 선택한다. 고학년이 될수록 어학연수와 대기업 인턴, 공모전으로 여전히 학교는 전쟁터 같다. 좋은 총을 쥐었든 나쁜 총을 쥐었든 상관없이 일단 스펙 쌓으러 나가야 한다. 그렇게 남들 다 가진 스펙을 가져도 한 게 없다니 도무지 앞이 보이질 않는다. 괴테는 '젊음은 그 자체가 하나의 빛이다.'라고 말했다. 그 빛을 음지에 두면 여건이 달라질 수 없다. 살아가는 데 취업은 수단이지 목적이 아니다.

고려대학교 경영대학원 장하성 교수는 모든 청년들은 기성세대가 요구한 스펙을 쌓으면 꿈의 직장을 간다고 생각에 빠졌다고 지적한다.

죽자고 하면 된다고 생각하는 집단 최면에 걸린 것 같은데 그것은 틀린 답이다. 그는 경쟁에서 이길 생각을 하지 말고 경쟁이 잘못되었다고 이야기할 줄 알기를 원한다.

이 세상을 바꾸기 위해서 지금 젊은 세대가 함께 날갯짓을 해야 한다고 덧붙였다. 장하성 교수가 주장한 것은 '나비 혁명'이다. 젊은 세대들이 나비처럼 약한 존재지만 그 날개가 모이면 태풍을 만들고, 세상을 변화시킬 수 있는 것에 모두가 동참하기를 희망한다. 스펙 중독은 한마디로 집단 최면이다. 깊어질수록 헤어 나올 수 없다.

* * *

독일 저널리스트 바스 카스트의 '선택의 조건'의 일부이다. 정해진 기간 동안만 학교를 다니고 더 이상 교육을 필요로 하지 않는다면 우리는 스펙 중독에서 벗어날 수 있을까? 정확하게 8년 동안만 학교에 다녀야 하는 아미시파 사람들이 있다. 아미시파 아이들은 정확하게 8년 동안만 학교에 다니고 더 다녀서는 안 된다. 아이들은 일찍부터 부모의 농장에서 일해야 한다. 아미시파 사람들은 일반적으로 뛰어난 기술자지만, 교육을 중요하게 생각하지 않고 심지어 경멸하기까지 한다.

아미시파를 관찰한 저널리스트는 "아미시파는 세상의 보통 사람들보다 더 행복해 보이고 걱정이 없다."고 말했으며, 아미시파 사람들을 대상으로 설문조사를 실시한 결과 미국인들과 동일 수준의 행복감을 느끼는 것으로 나타났다 한다.

현실이 전쟁인 우리와 다른 태도를 지니는 아미시파 사람들은 여유가 넘친다. 이것은 나를 위한 스펙보다 사회라는 공동체가 우선시되었다는 점이 차별되었다고 할 수 있다. 지향하는 관점의 차이가 행복의 차이를 나타낸다. 아미시파 사람들은 교육의 선택을 제약받지만 사회와 선순환 고리의 조화를 이룬다. 우리는 끊임없이 경쟁하여 미래를 쟁취한다. 쟁취할수록 선택의 수는 점점 늘어나지만 그중에 원하는 선택을 해야 한다. 얻어지는 효과에 집중해야 가치 있는 길로 나갈 수 있다.

* * *

美 벤처캐피탈로부터 70억 원 투자를 유치받은 어플이 있다. 다운로드 건수만 해도 2억 5천 건에 달하는 카메라 어플이다. 개발자는 벤티케이크 박상원 대표로 개발은 물론이고 디자인과 앱 시장 등록까지 혼자 힘으로 했다. 카메라 필터를 국내에서 출시하지 않고 중남미에서 출시했다. 그의 이력을 살펴보니 카메라를 전공하지 않았고, 어플리케이션 공부를 해본 적이 없다. 컴퓨터 프로그램을 취미로 삼은 10년이 전부이다. 비전공자가 했다는 사실만으로 국내에서도 이목을 끌기에 충분하다.

그의 취미는 게임과 사진이었는데, 하고 싶은 것을 하더라도 수익이 나지 않으면 의미 없다는 판단에 사진을 사업으로 접근하였다. 카메라를 찍고 편집하는 것이 순서였다면 카메라를 실행시킬 때 집중하는 서비스를 만들었다. 사양이 받쳐주지 않아 어플 자체를 하이스펙으로 만들었다. 보통 카메라 필터들이 수익으로 연결되지 않은 사례들이 많지만 박 대표는 이 문제를 서비스에 집중했다. 어플을 위해 로그인 기능이나 올리기 기능을 요구하면 간편한 사용자 측면에서는 안 좋은 결과를 가져 온다는 것이 그의 생각이다. 향후에도 사람들이 더 많이 쓰는

성공하려면 하루 중에 오직 '생각하기'만을 위한
상당한 시간을 내는 게 중요하다.
그렇지 않으면 실수를 하게 되고 큰 그림을 놓친다.
의사결정에 필요한 감각을 잃게 된다.

것에 집중할 것이라 강조한다. 일반적으로 기술의 흐름에서 아이디어가 나오고 제품이 만들어지는데 박상원 대표는 단순하게 생각을 바꿔 어플 하나에 하루 만 원, 10개만 만들면 되겠다는 생각으로 시작하였다. 단순한 실행력이 스펙보다 의미 있다.

현재 우리는 전공의 집단에서 살아남기를 원하며 그것만이 성공인 듯 생각한다. 입학 혹은 취업한 곳에서 생활하고 그 안에서 꿈을 찾는 것이 어렵지만 무난하기 때문이다. 조금만 생각을 돌리면 생활의 무대가 생각지도 못할 만큼 넓어진다. 세상의 문을 여는 법은 스펙이 아니라 생각이다.

* * *

중국 속담 중에 '한 걸음 물러나보면 바다는 넓고 하늘도 푸르다.'라는 말이 있다. 중요한 것은 스펙이라는 시스템에 끌려가지 않는 것이다. 경쟁사회에 심취해 있어 앞을 잘 보지 못하다가 한 걸음 물러나면 오히려 선명해 보인다. 좋아하는 일과 목적을 위해서 스펙을 가리는 것이 중요하다. 구분하는 지혜는 선명한 길을 만들어 줄 것이다. 이끄는 스펙, 이끌리는 스펙의 에너지 차이는 실제로 크다. 중독에 빠지면 생각할 수 있는 시간이 없다. 달려가야 하기 때문이다.

오바마 대통령은 생각하는 시간을 따로 떼어 둔다.

"성공하려면 하루 중에 오직 '생각하기'만을 위한 상당한 시간을 내는 게 중요하다. 그렇지 않으면 실수를 하게 되고 큰 그림을 놓친다. 의사결정에 필요한 감각을 잃게 된다."

우리에게도 대통령의 습관이 필요하다.

두 갈래 길에 나쁜 길은 없다

'과연 내 선택이 맞는 것일까?'

사람들은 신중한 결정을 할 때가 되면 며칠 밤을 꼬박 지새운다. 결정의 순간에도 맞는 선택인지 의아해하며 내가 한 선택이 맞기를 바란다. 선택이라는 것은 자신의 몫이지만 불확실한 속에 큰 역할은 자신의 믿음이다.

스무 살 이후 성인이 되어서는 부모님은 우리에게 선택할 권리를 주었다. 스무 살 인생의 선택은 자유라고 생각했다. 아빠는 뒤에 따르는 것이 책임임을 항상 잊지 않도록 강조하셨다. 자유는 괜찮아도 책임 때문에 무엇이든 쉽게 행동할 수 없었다. 자기 팔 자기가 흔든다는 말이 있듯이 모든 결과의 책임은 따라야 한다.

스스로 하는 것, 선택을 하지도 못하는 것, 타인에 의해 선택되어지는 것, 환경에 선택이 당해지는 것, 이 모든 것이 선택이다. 흔히 실패의 원인을 과거의 시점에서 찾는다. '젊었을 때 이랬더라면, 저랬더라면.' 하고 수많은 후회들로 가득하다.

* * *

20대부터 꿈을 찾기 시작했다. 찾는 과정에 애초부터 주어진 길이나 정해진 답이라는 것은 없었다. 살아온 삶이 다르다는 것은 누구에게나 선택의 기준도 동등하지 않음을 이야기한다. 계획한 것을 달성하는 것만이 꿈에 대한 증명이었다. 그래서 모든 생각은 실행해 보아야만 인정과 포기가 되었다. 그렇게 스스로에게 질문하고 결정하고 답을 찾았다.

대학을 마칠 무렵에는 적당한 사회 경력과, 대학원을 졸업하면 인생이 나아질 거라 생각했다. 그랬기 때문에 스스로 다짐했던 생각들을 잊지 않기 위해 늘 생각했다. 메모장에 적은 목표는 나의 이정표가 되었다. 알려주는 이가 없을수록 모든 시간이 나의 길이 된다. 현실과 이상은 반비례했다. 시집 갈 자금과 학비를 계산기로 두드리며 학비를 모으는 것도 늘 생각했다. 배움이라는 것은 돈이었기 때문에 쓰는 선택과 결과의 책임도 내 몫이다.

한 번도 생각하지 못한 순간이 왔다. 급격히 나빠진 아빠의 건강 소식이었다. 누구나 건강에 관해서 관대해질 수 없고 부정할 수도 없다. 나빠지기 전에는 큰 병이 아니었기에 자식들에게 내색하지 않으셨다. 간호를 위해 직장을 그만두어야 했던 순간 계획한 사회 경력 2년은 사라졌다. 지금 생각하면 별것 아닌 계획이지만 속상했다. 일을 더 못 해서 슬픈 것이 아니라 계획에 실패했기 때문에 슬펐다.

아빠의 건강문제는 내가 계획한 길은 아니었다. 하지만 가야 하는 길이다. 상향점의 꿈을 그려오다가 하향점으로 돌아와 가족 곁에 있어야 했다. 막내 사회초년생에 불과했지만 할 수 있는 일은 하나다. 이 순간만큼은 '나'를 포기하고 가족들을 위해 사는 것이다. 아빠의 건강은 우리 가족 모두 같이 해결해 나가야 할 일이었다. 계획은 아니었지만 원치 않은 길로 바뀌었다.

하나의 일을 완벽하게 하기 위해서는 전략이 필요하다. 각자 잘할 수 있는 역할이 필요하고, 그 순간을 완벽하게 해내야 한다. 회사를 그만두기 3~4개월 전부터 해온 간호와 일의 병행 때문인지 체력이 바닥나 있었다. 모든 교환에는 대가가 필요하다. 내 원하는 계획에 실패하고 가족 곁에 있어야 했기 때문에 누구보다 더 잘 이겨내야 했다. 우리 가족은 힘이 들지만 아빠는 살아날 수 있고, 아빠를 살리겠다는 굳은 다짐을 하고 마지막 칼퇴근을 하던 날 새로운 시작이 되었다.

간호에만 전념한 6개월, 달라진 점이 있다면 2년의 경력을 못 채웠다는 부분과, 매달 갚아나갔던 학자금 100만 원을 갚지 못했다는 점이다. 회사생활 2년 동안 월급 전부를 학자금 상환하는데 썼다. 그나마 수월했던 것은 캥거루족이 되어 부모님 집에서 숙식을 해결하고 조금씩 부모님께 용돈을 얻어 생활했다. 첫 직장에서 1년 8개월의 경력 중에서 1년에 1,200만 원을 갚고 나머지 8개월은 병원비로 고스란히 들어갔다. 남들은 한 달에 100만 원 저축하기도 힘든데 나는 100만 원을 갚아나가며 꿈을 그렸다. 퇴사를 하고 나서 내가 할 수 있는 일은 꿈을 꾸는 일이 아니다. 순간에 집중해 문제를 해결하는 것이었다. 아빠의 상황을 제대로 파악해야 했고, 곱절의 노력을 다해서 회복을 도왔다.

피한다고 해결되는 일은 없고, 부정한다고 나아지는 현실은 없다. 받아들이는 것만이 원하는 곳으로 빨리 나아가는 길이다. 상황이 싫으면 빨리 나아가야 한다. 나아가기 위해서는 방법을 잘 찾아야 한다. 원치 않는 인생의 한 페이지에도 최선을 다해야 행복해질 수 있다.

간호와 동시에 지친 엄마를 위해 아빠의 자영업 자리까지 내가 채웠다. 공부를 못 해서 힘들었던 감정은 아무것도 아니었다. 하루를 마감하고 몸을 뉘여도 내일 생각에 마음 편안한 날이 없었다. 아빠가 조금 더 빨리 나아지길 바라는 마음뿐이었다. 아빠라는 존재는 곁에 있을 때는 모르다가 아프시니 이루 말할 수 없는 슬픔이었다. 무뚝뚝한 경상도 여자인 내가 그렇게 아빠를 많이 사랑했나 보다. 내가 고생을 안 하면 그 몫은 부모님의 것이었다. 몸은 힘들어도 모든 안정과 휴식은 부모님이 우선이었다. 내가 모든 것을 스스로 자처하는 것이 부모님의 슬픔을 더는 방법이다. 상황을 선택하지 않았다고 해서 가지 못할 이유는 없다. 시간이 흐르는 길에는 늘 좋은 것만 채우고 싶지만 때로는 지나야 할 길이 있다. 그렇게 성숙했고 모든 것은 지나갔다.

＊ ＊ ＊

생각을 바꿔서 선택이라는 것을 조금 가볍게 바라보면 어떨까?

실제 20세기 초 이탈리아 한 청년은 독특한 버릇을 가지고 있었다. 고민되는 상황마다 동전을 던져 선택하기로 한 것이다. 우리는 시시한 내기를 할 때나 동전 던지기를 하지만 이 청년은 중요한 선택에도 동전 던지기를 하며 답을 찾았다. 동전 던지기로 운명을 선택하는 시간이 왔다.

'파리의 적십자사로 전근을 가느냐? VS 디자이너 가게에서 일을 하느냐?'

앞면은 디자이너 샵, 뒷면은 적십자사로 가기로 마음속에 정했다.

원하는 쪽으로 조금이마나 기울어진 마음이 있었다면 몇 번이나 동전을 던지며 답을 바꾸었을지도 모른다. 운명인 것처럼 선택을 조정하여 눈속임했을 것이다. 하지만 그의 선택에는 거짓이 없었다. 앞면이 나와 패션계에 발을 들이게 되었다.

그 결과는 어땠을까? 재능이 뛰어났기 때문에 당대 최고 디자이너 '디올'에서 일하게 되었다. 일을 하던 도중 디올의 후계자로 지목되었을 때도 다시 동전던지기를 한다. 이제 그의 선택은 둘 중 하나다.

'디올을 이을 것인가? VS 나의 가게를 차릴 것인가?'

이번 선택은 '독립'이었다. 그 후 자신의 이름을 건 브랜드를 만들었다. 그 브랜드의 이름은 바로 '피에르 가르뎅'이다. 많은 이들이 동전던지기에서 좋은 선택을 얻어 운이 좋다고 이야기하지만 그는 "동전던지기가 좋은 선택이 아니라, 어떤 선택이든 결정을 한 후에는 믿음을 가지고 나아갔다."고 이야기한다. 우리가 집중해야 할 것은 선택이 아니라 선택 후의 믿음과 행동임을 알려준다. 어떠한 상황에도 완벽하게 문제를 이해하고 처리하는 것은 중요한 능력이다.

오랫동안 나는 진정한 삶이 곧 시작되리라고 믿었다.

그러나 내 앞에는 언제나 온갖

장애물과 먼저 해결해야 할 일들이 있었다.

아직 끝내지 못한 일들과

바쳐야 할 시간들과

갚아야 할 빚이 있었다.

그런 다음에야 삶이 펼쳐질 것이라고 나는 믿었다.

마침내 나는 깨닫게 되었다.

그런 장애물들이 바로

내 삶이었다는 것을

— 알프레드 디 수자

위 시처럼 불만족스러운 현실의 조각은 내 삶이 아니라며 부정할지도 모른다. 더 좋은 삶만이 나의 길이라 생각하지만 무던한 오늘도 나의 길이다. 불만족스러운 현실도, 막막한 미래도, 행복했던 과거도 모두 나의 삶이다. 오늘 힘들었던 순간 또한 내일이면 과거가 된다.

선택한 길에 믿음을 수반한 행동만이 중요한 마음가짐이 아닐까? 원하지 않는 길에 다다라도 이겨낼 방법만 찾으면 후회 없는 삶의 나침판이 되어 줄 것이다. 어떤 상황에서도 느낀 감정을 제대로 이해하면 자신만의 행운이 된다. 그 여정은 보는 사람마저 행운을 찾아 나설 수 있는 용기와 희망이 될 것이다.

나는 성공할 확률이 아주 높은 사람이다

　꿈을 찾는 방법을 모르거나, 꿈이 없을 때 수많은 패배의 순간이 온다. 보이지 않는 길 때문에 막막하기만 한데 좀처럼 성공이라는 단어를 찾아볼 수 없다. 도대체 행운의 열쇠는 누가 쥐고 있는 것일까? 목표가 없는 사람에게 '목표를 가지고 꿈을 이루어라.'는 말은 너무 의미 없다.

　그럴 때는 마음을 비우고 '몇 년 후에는 어떤 사람이 되고 싶다.'라는 상상부터 해야 한다. 생각은 어렵지만 상상은 쉽다. 목표의 압박에 비해 훨씬 자유로워질 것이다. 상상만 해도 지금과는 다른 내 모습이지만 행복하지 않은가? 상상은 생각을 바꾸는 힘이 있다.

　우리는 어떤 특정한 생각을 할 때 얼굴이 붉어진다. 생각이 신체에 미치는 것인데 혈류가 반응한다는 것이다. 막연한 상상이라도 혈류가 반응하고 심장이 뛰는 것이 그 무언가를 찾는 열쇠가 된다.

　　　　　　　　　　　　　

결국 성공의 확률도 내가 쥐고 있다. '상상→생각→실행'의 주체는 바로 나다. 상상하는 것만으로도 얼마든지 나를 바꿀 수 있다. 최악의 조건에도 좋은 생각을 하는 습관을 해야 한다. 생각에 그치는 것을 실행하는 습관이 있다면 현재의 상황은 중요하지 않다.

"하고 싶은 일을 하는 게 부러워." 또는 "넌 꿈이 많은 아이야."라는 말을 자주 듣는다. 대학 성적은 상위권을 유지하면서 공모전 수상, 책 5권에 들어가는 도면을 작성하는 일을 하면서 자부할 수 있는 것은 부족하지만 꾸준히 계속하는 것이었다. 대학생 시절은 지방대라고 경쟁력이 없다고 운운하기 전에 창작과 고통으로 나와 경쟁하는 시간이었다. 할 수 있는 일을 잘해내는 것은 쉽다. 하지만 어떠한 상황에서도 잘하는 것은 습관이 만드는 것이다.

대학교 다닐 때 어깨너머로 본 대학원 언니들이 멋있어 보여서 대학원에 진학했다. 성적 1등을 기록하면서 스스로 학습의 중요성을 알았다. 내가 똑똑하지 못한 것을 주위에서도 알고 있었기 때문에 "유독 한쪽에만 뛰어난 천재인가?"라는 우스갯소리를 듣기도 했다.

학회의 학술발표대회에도 연구주제를 들고 전국에서 모였기 때문에 나를 제외한 모두가 대단해 보였다. 타인의 관점에서는 모두가 그랬을 것이다. 나는 석사 신입생으로 학술발표대회에 나가 우수논문발표상을 수상하고 이후 3년째 참가하여 수상율 100%를 기록하고 있다.

* * *

미국의 한 학교에서 학생들을 무작위로 뽑아 그 아이들에게 성적이 향상될 거라고 알려준다. 그 뒤 실제로 아이들은 성적이 향상되었다는 효과를 입증하였다. 아이들에게도 기대 심리가 작용한 것이다. 실제로 이 연구는 미국의 교육심리학자 로젠탈 의해 나온 '로젠탈 효과'이다. 무언가 할 수 있다는 기대감만으로도 성공 확률이 바뀌는 것이다. 어떠한 문제에 직면했을 때 마음먹기 나름이다. 만약 실패의 모습만 그렸다면 실패의 반응을 만들어 내는 것이다. 실패하면서 오는 상황을 스스로 마음속으로 만들고 있다는 것이다.

고등학교를 졸업하는 순간부터 연구원이 되고자 했던 것은 아니었다. 오히려 연구원이라는 목표를 잡았다면 벌써 실패하고 좌절했을지도 모른다. 10대를 지나면서 꿈을 꿀 수 없던 것들이 생각하고 행동하는 대로 현실이 되는 것을 경험하면서 10대의 꿈이 평생 꿈이 될 수 없다는 것을 알았다. 이것은 무엇이든 도전을 주저하지 않는 힘으로 작용한다. 물론 20대의 꿈도 평생 꿈이 될 수 없다. 얼마든지 원하는 것을 실행하는 힘이 있기 때문이다. 꿈꾸는 시간이 늦었을지라도 고민할 시간이 없다. 생각을 전환하는 순간 기다리는 것은 무엇이든 얻는 배움이다.

길에서 우연히 초등학교 동창을 만났다. 어떻게 지내는지 안부를 묻다가 나에게 의아한 듯 물어본다.

"너 실업계 나오지 않았니? 어떻게 연구원을 하지?"

그 친구가 기억하는 실업계 출신의 나의 모습과 매치되지 않아서일까? 나는 직업에 대한 편견을 가지지 않고 하고 싶은 일을 재밌게 했기 때문이라고 대답했다. 그 친구는 어안이 벙벙한 듯 인사를 하고 떠났다. 그 친구는 공부도 잘하던 친구였지만 10대 때 하던 공부 습관에 맞추어 지금까지 인식이 바뀌지 않았다는 것은 발전하지 못했다는 말이다. 20대에 느끼는 감정과 사고에 인식을 전환해야 한다.

* * *

알리바바 마윈 회장의 어록에서도 경쟁 대상을 알 수 있다.

"제가 간절히 찾는 것은 배움의 대상이지 경쟁상대가 아닙니다. 전 세계에는 보고 배울 대상이 너무도 많은데 어째서 경쟁할 상대만 찾아다니겠습니까?"

나는 미래에 대해 어떠한 제약도 두지 않았기 때문에 더 자유로울 수 있었다. 어떤 순간에도 나를 들뜨게 하는 것을 찾았다. 이왕 할 수 있는 것도 없고, 해야 할 의무도 없다면 가슴 뛰는 일이 제일 첫 번째다.

자연스레 공부와 일이 즐거워지고 추진력이 강해져 지속력이 붙었다. 공부를 못 하는 내가 잘하는 것이 공부가 된 것이다. 이제는 주변의 시선에 부끄러움보다 부러움을 산다. 내면에 훌륭한 모습을 발견한 것일 뿐인데 완전히 나를 다른 사람으로 만들어 놓았다.

* * *

에드워드 에버렛 해일 작가는 스스로 본인을 잘 파악했다.

"나는 단지 한 사람의 인간에 불과하다. 그렇더라도 나는 어디까지나 인간이다. 나는 모든 것을 할 수는 없다. 그렇더라도 나는 어떤 것은 할 수 있다. 그리고 모든 것을 다 할 수 없다고 해서 내가 할 수 있는 어떤 것까지 포기하지는 않을 것이다."

어려운 문장 속에서 느낀 점은 무엇인가?

모든 것이 유능하지 않다고 해서 모든 것을 시작할 수 없는 것은 아니다. 나도 지금 내가 부족한 무엇인지를 알고 있다. 부족한 것을 채우기 위해서 목표를 가지고 접근해야 한다. 예전에는 해야 하는 강박관념이 있었다면 요즘에는 내려놓고 잘할 수 있는 것에 집중하는 편이다. 이제는 부족함을 인지하고 자신 있는 것에 한 걸음 내딛을 때다.

살아온 보잘 것 없는 삶이 강점이라는 것을 이제 알고 있다. 스스로 질문하고 답을 한 정성이 쌓여 익숙함을 만들었다. 그 습관으로 인해 앞으로 더 할 수 있는 것이 많아진다. 더불어 선택할 권리도 많아질 것이다. 앞으로도 하고 싶은 것을 선택하기 위해서는 오늘의 선택에 최선을 다해야 한다.

* * *

오늘을 헛되이 보내지 않는 이유는 공부를 해서 이루고 싶은 꿈이 무엇인지 명확하고, 오로지 실행해야만 배울 수 있다는 생각 때문이다. 스무 살부터 상상만으로 나의 길을 걸어왔다. 남들이 먼저 간 길을 보지도 듣지도 못하였다. 상상한다는 것은 현실을 선택한다는 것이다. 결정의 주도권이 나에게 있기 때문에 나다운 '꿈'이 나다운 '현실'로 이어진다.

스스로 성공의 확률을 높이기 위해서는 상상하는 습관을 꾸준히 이어가야 한다. 지금껏 하지 못한 이상의 상상이 있는가? 성공은 저절로 오지 않지만 거듭할수록 마음먹은 대로 성공의 확률을 높일 수 있다. 꿈꾸는 성공은 미래의 부를 창조한다. 미래의 나침반은 정해지지 않았다.

2장

언제까지 미친 스펙경쟁에 내몰릴 것인가

달려갈 곳이 없는 똑똑한 사람들

1990년대 청춘을 들끓게 했던 영화 '비트'의 여주인공 로미는 서울대를 목표로 스스로 공부하는 기계라 이야기한다.

"대학 갈 때까지 난 공부하는 기계야. 기계는 느낄 감정도 시간도 없어."

무언가 목표를 향해 달려가고 있지만 자신만의 지옥에 갇혀 살고 있었던 것이다. 공부의 압박을 이겨내지 못한 친구의 자살로 충격을 받아 요양원에서 정신 치료를 받는다. 하지만 집안에서는 로미의 방황을 받아줄 리 없다. 로미에게는 충격이고 부모님에겐 방황일 뿐이었다. 요양원에 입원해 있을 때마저 아빠는 주변 시선이 신경 쓰여 치료 중인 로미를 유학 중이라고 속인다.

"난 대학 안 간다고 했잖아요."

“그러면 유학이라도 가라니까!”

“나 유학 가 있는 거 아니에요? 집안망신 안 시키려고 유학 가 있는 걸로 되어 있잖아요.”

“유학 안 가는 건 좋아! 하지만 네 성격에 대학생 친구들이 깔보면 견뎌낼 수 있겠어? 로미야. 넌 경주에서 잠시 넘어졌을 뿐이야. 다시 일어나기만 하면은…….”

“제발 그 얘기 좀 그만해요! 나 계속 쓰러져 있을래요. 평생 동안.”

달려가는 과정에 진정한 자신이 없음을 로미는 알고 있다. 남들이 좋다고 해서 무작정 달려갔던 길에 주체성이 없으면 쓰러졌을 때 일어날 수 없다. 로미는 다시 일어서고 싶지 않다고 말했다.

* * *

잘나가는 명문대에 들어가기 위해서는 자격을 통과해야 한다. 자격대로 줄을 세워 인생의 성공에 대한 가능성을 가늠해본다. 만들어진 지원 자격에 통과하기 위해서 결정권이 스스로의 선택인지, 타인의 주입인지 생각할 시간은 없는 것이 현실이다.

타인의 기대 속에 우물쭈물 살아온 사람들은 공부하는 기계로 전락하면서 창의적인 재능은 관심 가지지 않는다. 성공적인 삶만 보고 달려가고 있다. 내가 하는 선택과 시간에 높은 가치를 매기게 되는 오류에 빠진다. 틀려도 되는데 틀리지 않았다는 생각이 도전을 주저하게 한다. 심리학에서는 투자한 노력이 크면 클수록, 높은 가치를 매기는 것을 ‘매몰 비용의 오류Sunk Cost Fallacy’라고 말한다.

스스로 주도해서 무언가를 성취하는 사람에 비해 성공에만 매달리는 사람은 행복이 결여된다. 남들보다 앞서가더라도 행복하지 않다면 정작 주체가 되어야 할 내 인생이 내 것이 아니다. 창의적이고 생산적인 활동으로 발전해야 하는데 자리를 고수하는 방법만 답이라고 믿는다.

* * *

원하는 대학의 입학 기준을 달성했지만 인생의 주체가 되지 못하면 입학과 동시에 추락할 가능성이 높다.

대학은 고등학교와 달리 전공 공부를 위한 사교육은 없다. 스펙을 위한 자격증 학원만 즐비할 뿐이다. 대학 교육으로 인생의 성공의 당락을 결정할 수 없는 것을 시사한다.

창의적 조직문화를 선도하는 '날카로운 상상력'의 저자 김용섭 씨는 수동적으로 학습능력을 키워온 아이가 미래의 루저loser가 될 수 있음을 잊어서는 안 된다고 강조한다. 청년창업 프로젝트에 관여하여 사업계획서를 받는다. 소위 명문대라 불리는 서울대, 카이스트 등의 학생들에게서 참신하거나 창의적인 계획서는 찾아보기 힘들다고 말한다. 창업의 핵심은 새로운 문제의식이자 해결인데 그들에게 창업은 최선이 아니라 차선인 셈이다. 벤처캐피털 업계에서는 명문대보다 비명문대 출신이 더 참신한 계획서가 많다는 것이다. 동시에 투자를 하더라도 더 열심히 한다. 숨겨진 재능을 위해서라도 대해 적절히 고려할 수 있어야 한다.

똑똑해야만 성공하는 것일까?

똑똑한 그들에게 결핍은 무엇일까?

* * *

말콤 글래드웰 '아웃라이어'에서 천재는 무엇인지 알 수 있다. 모차

르트의 작품 중 현재 걸작으로 평가받는 진정한 협주곡은 스물한 살 때부터 만들어졌다. 천재 모차르트도 1만 시간의 노력이 필요했다. IQ가 성공을 담보하지는 않는다. 1만 시간의 치열한 노력이 성공을 위해 필요하다. 미국의 심리학자 터먼은 '천재 유전학' 제4권을 낼 때, 실망을 넘어서는 어조로 착잡함을 드러냈다.

"실제로 천재들은 천재로 남아 있지 않다. 우리가 본 것처럼 지능과 성취도 사이에는 어떠한 상관관계도 없었다."

현실세계에서의 성공에 필요한 기회를 설명하는 데 그다지 도움이 되지 않는다는 이야기다.

그렇다고 해서 기본적으로 교육과 사교육에 도태되어 버리면 경쟁 사회 속에 뒤처진다. 현재 교육체제에 적응하기 위해 부단히 노력하기 이전에 창조적인 업무가 가능할 것인지 가늠해야 한다. 생각하는 것과 안 하는 것의 차이는 위험 부담을 줄이는 큰 요소로 작용할 것이다.

* * *

켄 로빈슨 '학교 혁명'에서는 대다수의 아이들이 고등학교 재학 중이든 고등학교 졸업 이후든 간에 일정한 형태의 심화된 기술 훈련을 받을 필요가 있다고 주장한다. 학생들에게 유용한 기술의 습득으로 취업이나 진로의 방향을 잡는 융통성을 부여하는 것이다. 실제 아이들이 어떤 목표를 성취하고 나면 대학 진학이 아니더라도 새로운 목표에 관심을 가지게 된다. 취업은 물론 대학 진학까지 더 나은 결정이 있을 거라는 생각이다. 교육을 둘러싼 환경은 이제 변해야 한다.

 / 나답게 뜨겁게 화려하게

스스로 주도해서 무언가를 성취하는 사람에 비해
성공에만 매달리는 사람은 행복이 결여된다.
남들보다 앞서가더라도 행복하지 않다면
정작 주체가 되어야 할 내 인생이 내 것이 아니다.

* * *

"젊은이들은 왜 화를 내지 않을까요? 왜 순응만 할까요? 끊임없이 질문을 던지지 않을까요? 질문하지 않고 순응하는 젊음. 미래가 보입니까? 반란이 필요합니다. 저는 이것을 한마디로 '익숙한 것들과의 결별'이라고 부르고 싶어요."

고졸의 성공신화 아주대 김동연 총장은 20대에 '유쾌한'이라는 수식어를 붙여 유쾌한 반란이 필요하다고 이야기한다. 누구에게나 위기에 대면하는 순간이 온다. 스스로 위기의식을 느끼기도 하며 외부의 요인에서 찾을 수 있다. 끊임없이 '왜?'라고 생각하는 사람과, 당장 외면하는 것으로 상황을 회피하는 사람이 있다. 눈에 보인다고 해서 정답이 아니고 못 들었다고 해서 틀린 것이 아니다. 생각해야 살아남는다. 시시하고 뻔한 생각 말고 세상과 사람들의 유혹을 위한 반란 말이다.

배움 뒤의 창조가 무엇인지 이제는 알 것 같다. 나는 실업계 고등학교에서 산업디자인을 배웠다. 대학에서 실내건축디자인으로 전공을 변화시켰고, 건축공학 계획 분야를 공부했다. 하고 싶은 것을 선택하면 더 나은 길을 만든 것은 분명한 사실이다. 지금보다 더 나은 길이 있다면 상황은 언제든지 변할 수 있다. 흔들 수 있다면 혁신을 넘어선 창조가 될 것이다.

고스펙이 넘쳐나는 사회에서 보통의 노력으로 인정받기 어렵다. 가치를 생각해야 여태 온 시간 기회비용을 줄일 수 있다. 잘못된 선택을 이제 와서 어떻게 하느냐며 발만 동동 굴리고 있다면, 살아온 삶의 오류를 인정할 여지가 없다는 말이다.

스펙이 있어도 꿈꾸지 못하는 세상, 스펙이 없어도 꿈꾸는 세상에서 그대는 어떤 유쾌한 반란을 꿈꾸고 있는가?

스펙경쟁의 폭은 좁아도 너무 좁다

　요즘 20대의 경쟁을 보고 있노라면 노력의 대가보다 보상의 대가를 바라는 것 같다. 스펙은 객관적인 기준으로 판단하게 될 뿐 그 이상 그 이하도 아니다. 과다한 스펙으로 부모에게 받은 기대와 남들의 시선을 획득하는 것이 목적은 아닐 것이다. 진정 스펙이 나와의 싸움이었다 할 수 있는가? 오늘날의 슬픈 현실이다.

　요즘은 휴학도 스펙이다. 예전처럼 집안이 어려워 학업을 중단했던 문제와는 달리 지금의 휴학은 쉬는 개념이 아니다. 더 나은 도약을 준비하기 위함이다. 어학을 위해 해외를 떠나고, 자격증을 위해 학원을 등록하며 휴학을 감행한다. 휴학도 스펙이라며 취업 전까지 휴학생 신분을 유지하기도 한다. 취업준비생보다 학생이라는 단어가 덜 민망하기 때문이다. 그들의 모습을 보고 있자면 고등학생 때 학원의 스케줄을 감당하느라 학교에서 조는 것과 사람들 같다. 해야 할 시기를 임의로 멈춰버리니 세상에 자꾸 몰리는 기분이 들 것이다.

왜 휴학까지 하며 스펙을 쌓고 취업 자리를 알아볼까? 대학교에는 10대의 입시처럼 인생의 목표를 책임져줄 학원이 없다. 사회에 던져진 경쟁만 남아 있다. 잘 가고 있는지 비교할 만한 남들과 잣대도 없다. 그래도 잘하고 있다는 위로를 바라지만 그것마저 욕심이 드는 요즘이다.

턱없이 부족한 시간에 캠퍼스 낭만마저 사라졌다. 학점관리, 자격증 외에 스펙을 생각하니 낭만마저 팔자처럼 보인다. 따뜻한 봄바람이 부는 캠퍼스를 즐기는 학생보다 나들이 온 가족들이 더 많다. 아장아장 걸어가는 아기의 모습을 보자니 금세 미소가 지어지지만 낭만은 다음에 그리는 걸로 하고 이내 발걸음을 향한다. 캠퍼스에 삼삼오오 모인 신입생들을 보며 철없었던 신입생을 떠올린다. '저때가 좋았지.'

* * *

성형은 필요와 욕심으로 나뉜다. 과도한 스펙을 위해 '인생 성형'을 과감히 시도한 사람들이 있다. 취업난이 극심한 탓에 국내 명문대학의 졸업증명서는 물론 유명 외국계 기업의 재직증명서도 위조한다. 휴학을 하고 위조를 해서라도 좋은 기업에 취직하면 소원이 없겠다. 그렇게 시간을 버리고 양심도 버린다.

주변이 정해놓은 안정된 길로만 왔다면 이제는 어떻게 해야 할까? 남들이 인정하는 좋은 길이 더 이상 가슴 뛰지 않는다면, 생명력 없는 하루만 생산할 뿐이다. 돈벌이만을 위한 직장은 가슴속의 열정을 대신할 수 없다. 반드시 잊지 말아야 할 것은 모든 목적 뒤에는 다음이 있다. 목적을 성취했다고 끝이 아니다.

＊ ＊ ＊

나는 지극히 평범한 '심리 만족형'으로 살았다. 하고 싶은 일들로만 채우고 싶었다. 남들이 좋다고 하는 일을 왜 해야 하는지 이해가 되지 않았다. 마음이 원하는 것을 찾기 위해서 계속 반문하는 나를 발견했다. 처음에는 뒤처지는 느낌과 낮은 자존감에 남들이 하는 것을 안 하면 바보인 줄 알았는데, 남들 다 한다고 해서 무작정 하는 것이 진정한 바보다.

너무 많은 스펙을 이루고 도전하기엔 이미 모든 준비를 마치고 올라온 당찬 새내기들이 있다. 미루면 미룰수록 완벽해질 것 같지만 조바심만 날 뿐이다. 완벽은 항상 균형을 이루어야 한다. 실컷 준비 하고 나서 나이 제한에 걸리는 선배들을 많이 봤다. 필요와 불필요를 구분하는 것도 스펙이다. 너무 많은 잣대들로 만드는 것보다, 감정이 더 정확한 판단을 할 때가 많다.

어떤 상황에서도 진정 원하는 길인지, 어떤 설레임이 있는지 늘 생각하는 사람이 현명한 하루를 소비하는 사람이다. 생각보다 더 정확한 마음의 소리에는 언제나 답이 있다. 주변의 안정된 삶은 행복을 보장해주지 않는다. 멘토가 아닌 타인에게 들은 조언은 분명 오류가 존재한다. '하더라~'만큼 불확실한 정보는 없다. 거기에 생각이 흔들린다는 것은 생각의 확신이 적다는 것이다. 나보다 남의 말을 더 믿으면 인생을 남에게 맡기는 격이다.

각자의 성향은 있다. 성향을 정확히 파악하는 데 많은 시간을 쏟아야 한다. 동일한 것이 주어졌다고 할 때 누구는 가슴이 뛰고 누구는 바로 잊어버린다. 이왕이면 재미있는 경쟁을 시작해야 지치지 않는다. 당장 눈앞에 닥친 것만 바라보면 미래의 눈먼 자가 될 수 있다. 미래가 행복할 수 있다는 확신으로 간절히 행동해야 한다. 행동에 마음을 담으면 행복은 늘 곁에 있다.

* * *

면접의 순간을 떠올려보자. 지나온 인생을 종이에 객관적으로 보여준다. 출신 대학, 전공을 적고 인기 있는 회사에 이력서를 내고 드디어 면접의 순간을 맞이한다. 경쟁사회에 이긴 것은 대단한 사실이지만 자리에 사람을 맞추게 된다.

기업의 인사과에서도 많은 이들의 스펙은 넘친다고 이야기한다. 똑똑한 사람들이 넘쳐나면 인사담당자들은 즐거운 고민에 빠져야 하는데, 풀어내는 어투는 '거기서 거기'이다. 인사담당자들에게 지루한 스펙이라면 여태껏 가졌던 스펙들은 무엇인가?

면접에 갈 때 이력서가 든든하기보다 풀지 못한 모습을 보여주기 위해 노력한다. 면접은 기회다. 하지만 지금 우리가 일하는 조건은 급여나 환경이 아니다. 내가 할 수 있는 일과 동시에 나의 일과 경험이 되는 것이다. 바꿔 생각해서 배워야 할 것을 생각하면 근무 조건이라는 이름 아래 휘둘릴 필요가 없다. 면접을 보러 갔을 때도 그 자리가 왜 나여야만 하는지를 생각했다. 왜 이 일은 나여야만 하는지 생각했다. 어떤 상황에서든 '왜 내가 하는 것이지?'는 무척 중요하다. 이유를 알면 열정을 쏟을 수 있다. 회사에 뼈를 묻고 충성적인 사람이 되는 것이 아니다.

이일을 함으로써 어떤 사람이 될 것인지를 그렸다.

* * *

스펙이 있어야 남들이 알아주는 것이 아니라 생각만으로 혁신 앞에 서는 사람이 있다. 칠레 건축가 알레한드로 아라베나^{Alejandro Aravena}는 건축계의 '노벨상'이라 불리우는 프리츠커상^{Pritzker Prize}의 2016년 수상 자로 발표되었다. 그는 건축계에서 한 번도 들어보지 못한 건축가였고, 그 작품은 미국과 유럽이 아닌 칠레였다. 많은 이들이 도전하는 아트갤러리나 박물관이 아닌, 이른바 '사회 참여 디자인^{Participaroty Design}'의 공동주택을 제안했다. 그의 작품에는 칠레의 현실이 담겨 있다.

도시화의 슬럼을 디자인으로 해결했다. 당시 정부가 정한 설계 안에서 해결점을 찾았다. 그것은 바로 가격이 싼 부지에 80㎡의 집을 짓는 것과 가격이 비싼 부지에 40㎡의 집을 짓는 것 둘 중 하나이다.

아라베나는 "40㎡를 '작은 집'이라고 규정짓기보다, 좋은 집의 '반쪽'이라고 생각하면 어떨까?"라는 색다른 접근을 시도했다. 집의 구조는 완성한 40㎡의 반쪽 집을 지었다. 나머지 반은 가족들이 채울 수 있게 해주었다. 그것이 가시적인 목표가 되어 스스로 가난에 벗어날 힘이 되었다. 정해진 꿈이 없을 때 꿈을 찾기 위해 환경을 제공하는 것이 그의 전략이다. 질문의 올바른 답을 찾기보다 올바른 질문을 찾아가는 질문이 더 중요하다고 강조한다.

모두가 달려가는 곳에서 경쟁을 쏟는 사람, 남다른 생각을 시도하는 사람은 문제를 해결하는 능력이 다르다. 그가 TED 강연에서 혁신적인 접근 방법은 '상식'이라 이야기한다. 그의 말에 깊이 생각하면 원하는 답은 가까이에 있다.

"지속 가능성을 위해서 어떤 대단한 기술적 혁신이나 공학이 필요한 것은 아니다. 우리가 가지고 있는 상식을 제대로 활용하기만 해도 이에 맞는 디자인이 나온다."

할 수 있는 일이 없다는 것은
내가 설 곳이 없다는 것이다

실업계 출신으로 연구원이라는 직업을 가진 나에게 많은 관심을 보인다. 비교적 짧은 시간에 많은 것을 경험했다는 사실 하나가 큰 자극이 된다고 이야기한다. 주도적인 생각의 노하우를 말해달라고 이야기하지만 아직 어떻다 할 답은 스스로 정의하기 어렵다. 지나온 시간 속에 제일 자신 있는 신념은 '내가 주도하고 선택한 삶, 계속 꿈꾸었던 삶을 실행으로 옮기는 것'이다. 실행한 만큼 돌아오는 것이 인생이다. 꿈에 욕심을 부린다고 해서 손가락질을 한다는 것은 비난이 아니라 부러움의 손가락질이다.

연구원들과 이야기하다 보면 스펙에서는 내세울 것이 없다. 스펙보다 중요한 것은 문제에 직면한 당찬 포부였다. 문제를 정확하게 인식하

　　　　　　　　　　　　　　/ 나답게 뜨겁게 화려하게

는 것, 결정하여 행동하는 것은 스펙으로 경쟁될 때보다 더 짜릿했다. 나를 성장시키기 바쁜데 스펙으로 남들에게 집중할 필요가 있을까? 상황에 맞추어 부족함을 채우긴 했지만 가장 기본적인 요소 충족으로 족했다.

필요한 것은 가져야 할 스펙이 아니라 스펙으로 얻는 최상의 결과다. 하나를 가지고 다섯 개를 만드는 사람과 다섯 개를 쥐고도 다섯 개만 만드는 사람의 생산성은 다르다. 가지고 있는 것에서 최대한 능력을 발휘해야 한다. 한 발짝만 앞서 생각하면 할 수 있는 용기만으로 생각은 즐거움으로 변한다. 생산적 스펙이 귀인의 길로 빠르게 인도할 것이다.

기본에 충실한 것만큼 중요한 것은 없다. 사람들은 남들이 가진 만큼 가져야 경쟁의 시작선이라 이야기한다. 그 생각의 오류는 '그만큼 가지지 않았기 때문에 할 수 없다.'라는 자기합리화로 변질된다. 부족하지 않아야 한다는 생각이 스스로의 기회를 더 앗아가고 있다. 더 앞으로 나아갈 여지는 지금 바로 행동하는 것이다.

* * *

"결혼을 일찍 해서 경제력이 없고, 특별한 이력이나 기술도 없어요. 그래서일까 사회성도 조금 떨어지는 것 같고요. 이제 서른 중반인데 제가 할 수 있는 일은 무엇일까요? 진정 도우미나 식당 설거지밖에 없을까요?"

한 커뮤니티 글에서 글쓴이는 개인적인 시간 외에 일하는 시간에는 자유조차 꿈이 되어 버린 것을 알 수 있다. 글쓴이가 생각하는 업무 환경에서 즐거움을 찾을 리 만무하다. 현실을 둘러보더라도 모든 현실과 타협하는 것은 자신이면서, 어쩔 수 없었다고 말 하는 것 또한 자신이다. 결국 할 수 있는 다른 선택을 만들지 못했기 때문에 선택할 여지가 없다.

어쩔 수 없이 해온 선택들로 만들어진 결과는 어쩔 수 없이 살아가야 하는 인생이다. 사는 것과 살아가는 것은 스스로의 마음에 따라 충분히 달라진다. 수많은 핑계를 선택한 벌로 주체성 없이 살기엔 앞날의 인생에게 너무 미안하지 않은가? 후회의 선택들로 만들어진 인생을 벗어나기 위해서라도 나와 타인의 격차를 객관적으로 인정할 필요가 있다.

모든 일에 필요한 것은 돈과 시간이다. '돈이 없어서'와 '시간이 없어서' 중에 당장 마련할 수 있는 것은 돈일까? 시간일까? 누구나 돈 모으기를 좋아하지만 돈을 벌 능력이 없으면 시간을 벌어야 한다. 돈을 벌기 위해서는 악착같이 노력하면서, 시간을 벌기 위해서는 악착같이 노력하지 않는다. 시간투자의 중요성을 스스로 깨닫기는 쉽지 않다. 시간에 이끌려 살 것인지 지배할 것인지는 간절히 원하는 것에서 나온다. 원하는 곳의 시간은 항상 마련되어 있다.

이미 잘 알려진 시간나이 계산에 인생을 그려보면 많은 시간을 체감할 수 있다. 인생의 만기 80세라고 할 때 20세가 6시이다. 40세는 정오 12시이다. 저녁 6시는 60세이고, 80세를 자정이라고 정해보면 인생에도 칼퇴근은 존재한다. 누구나 60세가 오는 저녁 6시에는 일과 작별하고 싶을 것이다. 그 이후 여유로운 삶을 갈망할 것이다.

20세 이전의 삶은 부모가 키워준 것이다. 나의 선택과 의지가 결여된 시기는 고작 새벽 6시이다. 24시 중에 이제 겨우 6시를 지나는 지금 인생의 성공 여부를 논하는 것은 멍청한 생각이다.

이제는 생산적 시간에 따라 10년 후가 달라지는 것을 알아야 한다. 20세 이후 진짜 내 인생을 살게 된다면 지금 28세, 아침 8시 24분밖에 되지 않았다. 멋진 출근을 하지도 않고 포기를 바라는 마음은 틀렸다. 40세가 되어도 12시 정오이다. 정오의 힘찬 시작을 생각하면 가슴이 뛴다. 어떻게 멋진 하루가 다 지났다고 말할 수 있을까? 아무것도 할 수 없다고 느끼더라도 해는 분명 떠 있다.

돈은 변하더라도 시간은 변하지 않는다. 돈이 없어질 순 있지만 시간은 없어지지 않는다. 할 수 있는 것이 없다고 주저앉아 버리면 인생은 어떠한 도움을 주지 않는다. 게으름은 게으름을 바랄 뿐 스스로 움직임이 필요하다. 정말 불쌍하지 않다면 가만히 있는데 저절로 도와주는 사람은 없다. 그리고 늘 행동하는 사람에게는 저절로 기회가 찾아온다. 이제라도 미래의 멋진 나를 위해 시간을 모아야 한다.

* * *

'구본형의 필살기' 중 구본형 씨의 시간을 활용한 미래 투자법이다.

"1997년 여름 이후, 나는 매일 새벽 두세 시간은 글을 써왔다. 한 해에 글만 쓰는데, 대략 1,000시간 내외를 투자하고 있다. 최근 10년 동안은 15권의 책을 냈다. 모두 새벽에 투자한 시간 덕분이다. 나는 하루의 어느 시간보다도 이 새벽시간을 신성하게 생각한다. 이 시간은 모든 시간에 우선한다. 늘 나의 하루는 22시간이라고 말하곤 한다. 언제나 이 시간을 먼저 떼어 놓고 하루를 시작하기 때문이다."

그는 시간을 마치 돈의 적금처럼 사용하고 있다. 돈을 아끼는 것과 모으는 것의 차이처럼 시간을 모은다. 시간을 확보하면 돈의 이자보다 시간의 이자에 더 나은 모습을 찾게 될 것이다. 9시가 되기도 전에 인생의 빛이 없다고 벼랑 끝에 몰지 않기를 바란다.

'이대로는 아니다.'라는 생각은 도전의 시작 앞에 서 있다는 증거다. 꿈은 현실을 깨닫는 자에게만 변화를 허락한다. 무수히 많은 오늘 속에서 할 수 있었던 것은 모두 욕심냈다. 돈이 없었기 때문에 시간과 가능성에 욕심냈다. 생각 외로 돈보다 시간이 더 나다운 모습을 확실하게 찾아주었다. 돈은 쓰면 쓸수록 때때로 나를 신용에 시험했지만, 시간은 마음먹은 만큼 신용을 허락했다. 하고 싶은 것이 많다는 것은 할 수 있는 가능성이 많다는 것이다. 주변에서는 나를 보고 자신을 되돌아본다는 이야기를 한다.

시작은 누구에게나 공평하지 않다. 바로 실행 능력에 따라 공평하게 작용했다. 모든 재료를 다 갖추어도 기본적인 것밖에 그리지 못하는 사람과, 연필 하나로 명화를 그리는 사람이 있다. 재료보다 필요한 것은 꾸준한 시작과 연습, 반복이다. 연습만이 인생의 명화를 만든다. 오늘이 있는 가장 소중한 이유는 무엇일까?

'여덟 단어' 박웅현 저자는 '자기 자존을 놓지 않고, 자기 자신이 가지고 있는 게 무엇인지 들여다보라. 그리고 자신의 별을 만들라.'고 말했다. 가지고 있는 물질적인 것을 들여다보아도 자존만 놓지 않으면 무엇이든 이루어 낼 수 있다. 도전하는 이유는 마음이면 충분하다. 손에 쥐었다고 해서 쥔 것이 아니고, 가진 것에 만족하며 세상을 살아가기엔 오늘보다 꿈이 더 크다. 인생의 명화는 마음에 따라 창조된다. 자신감으로 원하는 그림은 얼마든지 그릴 수 있다.

강조하지만 시간은 확보하는 것이다. 돈만 아끼고 저축할 것이 아니라 미래를 위해 시간을 아끼고 저축해야 한다. 나를 연구하고 개발하는 것만큼 값진 투자는 없다. 잘 포장된 상품에 현혹되지 말고 진정한 나의 상품을 찾는 시간이 필요하다. 넘을 수 없는 벽을 뛰어넘어야 한다면 돈보다 시간으로 뛰어넘어야 한다. 명장들이 말하는 부의 이치는 결국 시간이다. 무엇이든 시작하자. 마음먹은 것을 조금이라도 실천했다면 이미 반을 이루었다.

나를 연구하고 개발하는 것만큼
값진 투자는 없다.
잘 포장된 상품에 현혹되지 말고
진정한 나의 상품을 찾는
시간이 필요하다.
넘을 수 없는 벽을
뛰어넘어야 한다면
돈보다 시간으로
뛰어넘어야 한다.

스펙 롤러코스터에서 균형 잡기

고용 한파라는 말이 등장할 정도로 취업률은 최악의 수치를 기록하고 있다. 청년 실업률은 역대 최고치를 갈아치우며 9.2%로 높아졌다. 여전히 안정적인 직장에 쏠림현상은 그치지 않는다. 대학교에서 공무원의 꿈을 가지고 도전하는 많은 이들이 있는 반면 요즘에는 대학입학 이전에 학원을 다니는 공딩(고등학교 때부터 공무원 시험을 준비하는 학생들)이 급증하고 있다. 공무원 학원에 교복차림의 학생들은 더 이상 어색하지 않다. 공무원이라는 안정적인 타이틀을 가지고 대학 공부는 우선순위에서 밀려난다.

사회적 순서로 보았을 때 틀려도 너무 틀렸다. 공무원 시험을 합격하고 나서 대학을 가도 된다는 생각은 꿈이 곧 공무원이라는 사실이다. 공무원을 이야기하고 싶은 것이 아니라 자신을 한번 생각해보기도 전에 안정이라는 이름을 좇는 현실을 이야기하고 싶다.

대학 교육과정은 중고등교육 이후에 배움을 위한 곳이다. 자신의 적성을 공부하는 곳이며 이후에 일자리를 정하는 것이 순서이다. 배움의 본질은 사라진 지 오래다. 배움은 만인이 누리는 보편적인 권리가 되었지만 진정한 배움은 스스로 깨닫는 자만의 특권인 것 같다. 스펙이라는 신조어 아래 무수히 부가되는 새로운 개념을 이해하기 어렵다. 열린 기회가 많은 반면 기회를 보는 눈을 잃어버린 우리 세대는 어떻게 자아를 찾아가야 할까?

* * *

해외 인턴 무無, 전공 자격증 무無, 영어 성적 무無.

이것이 나의 스펙이다. 지금의 세대에 초라한 스펙인 것은 알고 있다. 궁금했다. 다 가지지 않은 나는 설 곳이 없을까? 이 질문은 고등학교 시절이나, 대학교 시절 내내 머릿속에서 떠나지 않았다. 모든 것을 준비하기 이전에 학문에 집중하기로 했다.

한참 공모전 열풍이 불 대학시절, 조금 색다른 도전을 했다. ㈜두성종이에서 공모하는 디자인에 참여한 것이다. 참여 주제도 종이로 할 수 있는 디자인이었다. 인테리어를 전공한 사람에게는 생소한 종이라는 분야를 구성원들과 출품했다. 워낙 포괄적인 주제이기에 뚜렷한 참여 대상도 가늠하기 어려웠다. 우리가 착안한 것은 종이로 만든 지관을 이용해서 카페를 만드는 것이다. 완벽한 건물의 구조체가 될 수는 없지만 건물 내부에 설치미술로 기획했다. 이 작품은 실제 1평의 크기로 제작했다. 벽은 물론이고 바닥을 지관으로 이용해 충분히 가능한 구조임을 증명했다.

300여 명이 출품한 작품에서 1등을 했다. 1등 수상 이후 인터뷰 요청이 들어왔다. 짜릿한 경험이었지만 한 번의 경험이면 충분하다는 생각이 들었다. 마일리지처럼 적립하는 스펙 말고 필요한 스펙을 찾았다. 좋은 직장을 위해서라는 스펙은 성공 공식이 아니다. 남들이 인정하는 기준일 뿐이다.

남들이 인정하는 기준에 들어가기 위해서는 치열한 경쟁에서 어떻게 들 수 있는지 생각해야 한다. 확률적으로 보면 지방대와 소위 명문대는 입학의 문에서 차이가 있다. 대학은 등급으로 나뉘지만 졸업 이후 다시 취업이 문에서 만나야 한다. 경쟁을 하기 위해서 현재 위치를 파악해야만 내가 해야 할 일이 보인다.

* * *

책을 쓰기 시작한 이후로 자기계발에 관한 강연에 참석한다. 그리고 되도록 강연을 듣는 것에서 끝나는 것이 아니라 대화를 공유하려고 한다. 최근 참석한 김창옥 교수의 강연에서도 현실에 주저앉는 청춘들에게 해주고 싶은 말을 질문했다.

김창옥 교수는 환경의 소리가 있고 내면의 소리가 있다고 말한다. 사람들은 환경의 소리를 듣는 게 아니라, 자기 마음의 소리가 안 들리니까 환경의 소리를 따라간다는 것이다. 그럼 "환경의 소리가 이길까? 내면의 소리가 이길까?"의 질문으로 이어졌다.

"여러분 사자와 호랑이가 싸우면 사자가 이길까요? 호랑이가 이길까요? 시타르타 부처께서는 이렇게 말씀했어요. 네가 도와주는 애가 이길 거다. 네. 대등한 거죠. '비슷하다.'는 거예요. 그런데 누가 이기냐면 네가 도와주는 애가 상대적으로 이길 확률이 높을 거예요. 스스로에게 질문합시다. 너의 소리는 어디에 있니?"

내면의 소리가 안 들리면 환경의 소리대로 사는 것이다. 김창옥 교수는 내면의 소리를 들으려면 소리가 있는 곳으로 가야 한다고 말한다. 책을 보든, 사람을 만나든, 그런 환경에 가든 내면의 소리에 키우기를 힘쓰면 내면의 소리가 커지게 되어 있다. 그리고 마음먹은 내면의 소리를 타인이 아닌 내가 적극적으로 도와야 한다. 그래야 새로운 삶이 시작되는 것이다.

* * *

20대는 첫 직장에 대한 불만으로 이직을 결정하는 비율이 높고, 업종 전환을 염두에 두는 이들도 많다. 지인 중에서는 돈 문제가 급하다는 이유로 적성을 생각하지 않고 취업을 한다. 학업을 마치고도 고학력을 들킬까 우려하면서 하향취업을 한다. 하지만 그들은 하나같이 버티지 못한다. '묻지 마 취직'을 했다가 조기 퇴직한 청년이 많다.

통계청에 따르면 비정규직 일자리의 증가도 잦은 청년층 이직의 원인으로 보고 있다. 계약직을 찬양하는 이들은 '부장 인턴'까지 고수한다. 직장을 떠돌며 인턴만을 고수한다는 것이다. 어디에도 소속되지 못하면서 정해진 일 외엔 아무런 제약이 없는 인턴의 개념이 달라진 것이다.

정해진 가벼운 업무만 수행하면 되는 일을 천직으로 삼는 그들은 적당한 때가 되면 비슷한 일을 찾아 떠나기 바쁘다. 솔직히 말하면 계약

  / 나답게 뜨겁게 화려하게

직은 계약 기간과 상관없이 필요한 업무가 끝나는 시점으로 회사에서
는 필요가 없다는 냉정한 현실이다. 그렇기 때문에 계약직일 때 정직원
의 처세를 잘 배워야 한다.

나도 현재 계약직 근무를 하고 있다. 어떤 이는 불안정한 미래를 나
보다 더 걱정해주기도 한다. 하지만 나는 지금 이 시기에 배울 수 있음
이 감사하다. 석사-박사-교수의 순을 밟기 전에 석사를 마치고 사고의
전환과 시야를 깊이 트게 해준 곳이기 때문이다. 스펙을 위해서 하루
빨리 박사의 길을 가야 한다 이야기하지만 내가 근무하는 이곳은 학업
을 다 마친 이후에는 문도 못 두드릴 곳일지도 모른다.

지금 계약직인 이곳에서 삶의 미래를 그려보는 것은 과연 내 길이 맞
는지 적성을 생각해 본다. 대학과 대학원을 나와서도 느낀 것은 결코
학교에서의 공부로 사회에 견줄 수 없다는 것이다. 나에게 회사는 조금
만 방심하면 높아지는 자만을 꺾어주는 곳이기도 하고, 하나라도 똑바
로 배워야 하는 자세를 잊지 않게 해주는 곳이다.

계약직 중에서도 회사에 대한 불만이 끊이지 사람이 있는 반면 상사
의 처세, 회사의 경영을 눈으로 익히는 것을 습관화하는 사람이 있다.
똑같이 1년을 계약직으로 있다가도 또다시 계약직에 도전하는 사람,
그 이상을 도전하는 사람은 스스로 기회의 문을 열기도 닫기도 한다.

주어진 의무에는 자신의 판단이 앞서야 한다. 자신의 판단을 확실히
아는 사람만 인생의 지도를 그릴 수 있다. 달려가야 할 때 달릴 수 있는
사람이 스펙 경쟁을 이겨 나갈 수 있다. 진정 서 있어야 할 곳을 찾을
때, 스스로 안목으로 찾으면 위험 요소를 없앨 수 있다. 아무리 좋은 자

리에도 정작 내 마음이 없다면 포장지처럼 외형은 좋지만 이내 의심하

기 마련이다. 언제까지 미친 스펙경쟁에 내몰릴 것인가?

　　　　　　　　　　　　　　/ 나답게 뜨겁게 화려하게

학벌 스펙이 아닌 스토리 스펙을 만들어라

"여러분만이 여러분을 지배할 수 있습니다. 지금 하지 못하면, 나중에도 못 합니다."

야놀자 대표 이수진 씨가 강연에서 한 말이다. 그는 성공이 돈으로 평가되는 세상에서 스스로의 가치를 정립시킨 사람이다. 불우한 환경에서 모텔 청소부를 거쳐 야놀자 숙박업계를 1등 기업으로 일구었다. 실업계와 전문대를 거쳤지만 돈이 없어서 생존의 돈벌이밖에 못 하는 현실을 깨달았다. 실업계를 나와 숙박업의 선도가 되기까지 세상을 탓하기보다 빠른 눈치가 그가 세상에 맞서는 방법이었다.

"저는 얼마를 벌 거예요, 저는 대통령이 될 거예요. 그런 마음가짐이 중요합니다. 그거 중요한데요. 사람들이 지금 무엇을 하고 있느냐는 거예요. 그것을 위해서 무언가를 시도하느냐는 거죠. 아니면 그냥 그런 생각만 하는 것인지, 그걸 무언가 집요하게 하고 있는 건지, 많은 스타트업에 계신 20대 분들이 회사를 찾아오세요. 특히 대학생 분들이 많이 찾아오시고. 제가 드리는 말은 그거예요. 무조건 해보라고. 해보다 보면 그게 절실할 것이고 덜 절실하면 포기할 것이고. 절실하면 끝까지 갈 거 아니에요. 끝까지 가면 사업이 거기에서 시작될 수 있는 것이고 실패할 수도 있지만 다시 또 도전할 거 아니에요?"

이수진 대표는 정확하게 자신의 시장 가치가 얼마인지 매겨야 한다고 이야기한다. 누구나 알고 있지만 자신 있게 얘기하지 못하는 나의 가치는 초라하기만 하다. 그렇다면 성공을 바라기보다 가치를 쌓기 위한 배움이 선행되어야 한다. 스펙이란 단어는 애초에 없는 신조어이다. 우리는 너무 당연하게도 '나'라는 자신을 사회가 결정한 잣대에 끼워 맞추고 있다. 실제 스펙은 직장을 구하는 사람들 사이에서, 학력·학점·토익 점수 따위를 합한 것을 이르는 사전적 의미에 불과하다.

* * *

스토리 스펙은 무에서 유로 전환하는 것을 말한다. 남들과 비교도 안 되는 나만의 길을 만드는 것이다. 나다운 모습을 찾기도 전에 왜 사회적 잣대에 나를 표현해야 할까?

취업을 위해 스펙을 쌓아서 좋은 기업에 들어가면 끝이라는 안일한 생각을 버려야 한다. 대학에만 들어가면 전쟁에서 벗어날 수 있을 것 같지만 새로운 취업전쟁에 뛰어들게 되듯 직장인이 되어서도 스펙에 자유로워질 수는 없다.

직장인 10명 중 6명은 입사 후에도 스펙을 쌓고 있다. 원하는 것을 가지기 위해서 달성해야 할 목표가 있다는 것은 바람직하다. 중요한 것은 그것이 왜 필요하냐는 것이다. 어떤 꿈을 가지고 있느냐는 것이다. 방학마다 조기마감의 행진을 달리는 빼곡한 영어학원의 학생들은 미래에 대한 확신을 얼마나 가지고 있을까?

미래에 대한 불안을 이용한 상술이 대학가에 점점 늘고 있다. 대학가 주변에 우후죽순 생겨나는 점집이다. 점집을 가는 학생들의 재미라는 말 안에 불안이 숨어 있다. 꿈을 가지고 온 대학에서 꿈을 잃은 것일까? 꿈을 명확히 판단할 수 있는 것은 어떤 사람이 되고 싶은지 떠올린 후 스펙을 모두 지워버리면 보인다. 과연 나는 무엇을 할 것인가. 어떤 것을 실현 시킬 것인가를 말이다.

＊ ＊ ＊

네이버 웹툰에서 '동네변호사 조들호'를 연재 중인 해츨링 작가는 대학 졸업 후 네이버 만화가 되기까지 힘들고 고민했던 시간이 있었다. 웹툰 소재의 법을 다루는 첫 시도이지만 법무부와 제휴하면서 능력을 인정받았다. 대학부터 알고 지낸 해츨링 작가의 모습에서 창의적인 스펙을 생각할 수 있었다. 인터뷰 내용을 보면 해츨링 작가의 생각을 알 수 있다.

Q: 대학 졸업 후에 네이버 만화가 되기까지 힘들고 고민했던 시간이 어땠나요?

A: 대학졸업을 하던 2009년 즈음에 웹툰 작가의 고료는 형편이 없었다. 출판만화가 망하고 웹툰이 슬슬 뜨기 시작하던 과도기라고

해야 할까? 출판만화를 할 수도, 웹툰을 할 수도 없었던 시간이었던 것 같다.

Q: 어떻게 법이라는 주제를 시도했나요?

A: 어찌 됐건 작가를 해야겠다는 결심을 하고, 내가 어떻게 하면 수많은 작가들 사이에서 데뷔를 할 수 있을까 생각을 해 봤다. 한국만화는 그동안 독자수가 적다는 이유로 전문직업 만화를 잘 하지 않았다. 수많은 만화작품들 사이에서 내가 "해야만 하는 일"을 찾았다고 할까? 수많은 장미꽃 사이에 핀 잡초 같은 작품이다.

Q: 돌아보면 달려온 길 속에 깨달음은 무엇인가요?

A: 앞에서 답했듯이 난 장미꽃 사이에서 핀 잡초 같은 작품이다. 그러나 독자들은 장미만 보고 싶어 하지 않는다. 수많은 일들 사이에 하고 싶은 일과 해야만 하는 일이 있다. 나는 빈약한 한국만화의 장르에서 필요한 장르를 해서 승부를 본 사람이다. 많은 사람들이 가는 화려한 길을 좇지 말고, 사회가 나에게 요구하는 일을 살펴봐야 할 것 같다.

해쓸링 작가는 2013년부터 자신만의 스토리를 만들기 위해 문을 두드렸다. 첫 시도의 두려움을 이기고 비전을 바라본 그는 네이버 만화가가 되었다. 웹툰은 유료화가 되었고, KBS 새 월화드라마 '동네변호사 조들호'로 16년 3월부터 절찬리에 방영 중이다. 앞으로의 그의 행보에 힘찬 박수를 보낸다.

이들의 공통점은 스펙보다 꿈이 앞섰다는 것이다. 스펙을 뛰어넘은 창의성에 열렬한 응원을 보낸다. 한계를 비교하는 것은 스스로를 위축할 뿐이다. 또 이들의 공통점은 자신의 강점을 분명히 파악한다는 것이다. 스펙과 현실만 바라보기에 현실이 너무 비이상적이지 않은가? 그렇다면 바꿔야 할 것은 현실의 무게가 아니라 꿈의 무게이다. 우리가 매겨야 할 수치는 내가 여태 이루어 놓은 것들의 수치가 아니라 앞날의 수치이다. 여태껏 이룬 게 없다고 앞날의 미래마저 생각에 지배받지 말아야 한다. 인생에서는 오늘날의 결과로 절대 그런 법이 없다. 20세까지 살아온 게 부모님의 인생대로 타의로 살았다면 이제는 나다운 삶을 살아야 한다. 인생의 권한을 부여하는 것도 오로지 나뿐이다.

사람이 살면서 곧 죽어도 달라질 수 없는 것은 신념이다. 신념에 따라 오는 결과는 크고 작은 실패일 수 있지만 과정이 변하는 것일 뿐, 본질적인 신념은 변하지 않는다. 이들은 신념과 꿈을 가지고 달려왔기에 더 큰 신념과 꿈으로 나아가는 사람들이다. 잊지 말자. 우리에게 필요한 것은 스펙보다 중요한 것은 나답게 살아갈 용기이다. 아무리 많은 것을 가졌다 해도 인생의 방향에서 답하지 못한다면 그 스펙은 누구의 것도 아니다.

크게 버리고 크게 얻는 작전

스탠퍼드 대 칩 히스 교수는 사람이 무엇을 알게 되면 알기 이전의 상태가 어떤 것인지 상상하기 어렵다고 말했다. 이것은 '지식의 저주 The Curse of Knowledge'란 개념으로 '기존 시대의 지식에 매몰되어 있으면 그 이상을 상상하기 어렵다.'는 의미이다.

급변하는 사회에서 우리는 얼마나 빠르게 변화를 받아들일 수 있을까? 지식의 저주에 갇히면 기존에 지식으로 변화를 인지하지 못한다. 여기서부터 의사소통과 갈등이 시작되는 것이다. 작은 스타트업이었던 카카오는 2010년 3월 모바일 메신저 카카오톡을 처음 선보인 이후 5년 만에 금융업까지 아우르는 기업으로 성장했다.

이와 같은 사례로 야놀자는 국내 중소형 숙박업계에 대한 부정적 이미지를 개선하며 여행, 먹거리 등 대한민국 놀이문화 패러다임에 있어 새로운 변화를 이끌어냈다. 숙박업계에 대한 부정적 이미지를 개선하며 여행, 먹거리 등 대한민국 놀이문화 패러다임에 있어 새로운 변화를 이끌어냈다는 점에서 높은 평가를 받았다.

야놀자의 대표 사업으로는 '야놀자숙박', '야놀자당일예약', '야놀자펜션', '야놀자게스트하우스'등 O2O 기반의 숙박 서비스가 있다. 누적 가입자 수 280만 명, 모바일 앱의 누적 다운로드 수는 600만 건에 달한다. 이수진 대표는 인터넷 기반에서 모바일 기반으로 다져왔지만 이제 또 어떻게 변화할지 모르는 시대를 미리 대비해야 한다고 말했다.

미래를 읽는 눈이야말로 앞서 준비할 수 있는 최고의 모습이다. 얼핏 스쳐 지나가는 괜찮은 상상을 할 때가 있다. 그 상상은 누구나 한 번쯤 했을 수 있다. 실행하는 사람이 창조하는 사람이다. 의심하지 말고 추진력 있게 나아가는 사람이 이기는 세상이다.

공부를 많이 하더라도 배움을 기술로 바꿀 수 없다면 갇힌 사고일 가능성이 높다. 인지의 효과는 창조에 무게를 더하는 것이다. 실제 많은 대표님들은 일을 시켜보면 안다. 전문대 학생들이 4년제 혹은 석박사들보다 일을 잘한다는 것이다. 기분 나쁘지만 이것은 현실이다. 일을 잘한다는 것은 일하는 기본이 다르다는 것이다.

＊ ＊ ＊

"내가 아는 것이 성공의 재료도 되지만 그 앎이 성공을 가로막을 수 있다는 사실을 잊어선 안 됩니다. 지식 못지않게 생각도 진화해야 해요. 특히 다른 사람을 이해시키고 설득하는 커뮤니케이터들은 더 진화해야 해요. 내 생각이 현재 맥락에서 통하는 것인지 늘 스스로를 객관화시켜야 합니다. 같은 패턴으로 보고, 일하는 것은 망하는 지름길이라고 봐요."

　관점디자이너 박용후 씨의 말이다. 끊임없이 배운 소중한 경험을 도움으로 바꾸는 기술은 생각의 유연성에 있다. 배운 것의 투자로 진지하게 체감해 본 적 없는 미래를 따라가는 것이 잠재의식에 걸림돌이 될 수 있다. 열심히 배운 것의 현실은 바람과 꿈으로 남겨지는 비극이 발생하는 것이다. 가장 든든한 길은 내가 한 것을 하나의 길로 정해두지 않는 것이다. 현실의 트렌드에 발 맞춰 걸어야 성장할 수 있다. 사고의 전환은 벗어나기 어렵지만 벗어나면 열린 길은 무궁무진하다.

* * *

　문화심리학자 김정운 교수는 명지대 교수에서 일본 교토의 미술대학생으로 변신했다. 예전에는 대학까지 16년 정도 공부한 것으로 60세까지 버텼지만, 100세 시대인데 왜 남은 인생에 투자하지 않느냐며 자신이 먼저 삶과 인생을 성찰했다. 선망의 직업 교수를 그만두는 결정을 하면서 색다른 인생이 펼쳐지고 있다.

　"내가 존경하는 이어령 선생이 인생에서 정점을 찍지 말라고 했다. 정점에선 내려올 일만 있기 때문이다. 50세 무렵에 난 정점을 눈앞에 두고 있었다. 안정된 교수직, 하루에 수십 군데에서 오는 강의 요청, 수십만 권이 팔린 책들, 아이돌처럼 밴을 타고 다니고 기사와 비서도 있었다. 바쁘다면 헬기를 보낼 테니 강의를 해달라는 곳도 많았고, 방송 제의나 정치권의 유혹도 많았다. 그러다 이 선생님의 말씀처럼 정점이 아닌 전혀 다른 곳으로 돌아가야 한다는 결정을 한 것이다."

　　　　　　　　　　　　　　　　

김정운 교수는 교수직을 그만둔 후회에 대해서는 잘한 일로 꼽는다.

"내가 가장 잘한 결정이 교수직 그만둔 것과 그림을 시작한 것이다. 상황에 밀려 결정한 것이 아니라 주체적으로 한 결정이기 때문이다. 교수 체질이 아닌데 억지로 하던 교수직을 그만두니 행복하다. 학생들에게 강의는 해도 그들을 따뜻하게 배려하는 마음은 부족했다. 그림 역시 내가 어떤 대상에 이렇게 몰두한 적이 없었을 정도로 재미있다. 말과 글 등 자기표현의 수단이 많은데, 말과 글은 나중에 후회하거나 스트레스의 원인이 될 때가 많다. 그림은 가장 후회 없는 자기성찰의 수단이다. 논리적 성찰은 아니지만 점점 훌륭한 사람이 되는 느낌이다. 위대한 사람들이 대부분 말년에는 전공에 관계없이 다들 그림을 그리지 않았나?"

그는 그림 그리는 것이 행복한 이유는 내가 그림에 재능이 있다는 것을 발견한 것이기도 하지만, 처음으로 '이걸 어떻게 어디에 써먹을까.'를 생각하지 않고 시작해서 꾸준히 하고 있다는 것이다. 처음에 외국어를 배우거나 공부를 할 때 늘 그 결과와 활용도를 궁리했는데, 그림에 대해서는 결과물에 대한 강박관념이 없다는 것이 시작하기 쉬운 이유이다. 거듭 강조하지만 정말 잘 그린다. 앞으로 글로만 표현되지 않는 또 하나의 영역을 그림과 같이 담아 새로운 글쓰기 스타일로 독자들과 소통하고 싶기는 하다는 포부를 밝혔다.

* * *

비보이에서 공무원으로, 공무원에서 강사의 삶을 살고 있는 정진일 씨는 안정적인 직장 공무원을 그만두고 강사의 길로 전향했다. 그는 10

꿈이 없는 꿈은 자신에게 외면당할 확률이 크다.
하지만 좋은 직업이라 해도 적성에 맞지 않다면
포기하는 것이 자신을 사랑하는 일이다.

년 법칙으로 40대인 지금은 전문 강사인 지식 에듀테이너로 활동 중이다. 10년의 법칙으로 새로운 일에 도전하는 그는 50대에 창업이나 경영을 돕는 컨설턴트, 60대는 이벤트 기획자, 70대에는 바텐더, 80대는 플로리스트로 새로운 삶을 살고 싶다고 이야기했다.

* * *

누군가는 평생을 교수와 공무원이라는 안정적인 꿈을 위해 달려간다. 공부를 위해 투자하는 절대적인 돈과 시간을 위해서라도 해내는 사람들에게 중요한 것은 명예가 아니라 꿈이다. 직업과 자신의 적성 여부를 잘 판단하는 사람은 어떠한 길 앞에도 미련이 없다.

꿈이 없는 꿈은 자신에게 외면당할 확률이 크다. 하지만 좋은 직업이라 해도 적성에 맞지 않다면 포기하는 것이 자신을 사랑하는 일이다. 스스로 열정을 찾을 수 없고, 답할 수 없는 일이면 이미 다른 일에 눈을 두고 있는 중일지도 모른다.

앨빈 토플러의 명언이다. 21세기 문맹은 글자를 못 읽는 사람이 아니라 새로운 것을 배울 때 이전에 자신이 배운 것을 내려놓지 못하는 사람이다.

포부의 크기가 성공의 크기를 결정한다

　어떻게 인생을 살 것인가? 매우 포괄적인 질문이다. 생각한다고 바로 드러나지 않는 질문은 망각하기 쉽다. 때문에 급하게 답을 낼 이유를 생각하지 않는다. 당장 내일 나가야 할 월세, 생활비에 급급한 마당에 인생에 대한 질문은 보험이면 다행일 정도다. 대부분 성공의 반열에 오른 사람은 매일 밤마다 벌떡 일어나 생각했을 것이다.

　회사는 나의 시간과 경험, 노동의 대가를 돈으로 교환하는 곳이다. 생산적인 일을 하고서도 어떤 사람인지 끊임없이 증명해야 한다. 입사 후에도 자체적 이력서는 존재한다. 어디서든 성장은 이루어져야 하는데 성장이 성공으로 이어지기 위해서는 어떻게 해야 할까?

　취업을 하기 위해서 이력서, 자기소개서, 포트폴리오에는 많은 것으로 증명을 할 수 있다. 학력, 자격사항, 경력 등으로 나를 보여주는 것

은 이력서와 포트폴리오다. 이력서에는 객관적인 근거, 포트폴리오에
는 창의적 경험을 담는다. 하지만 앞으로의 미래를 어필하는 것은 자기
소개의 '입사 후 포부'이다.

'입사 후 포부'란에는 회사에 입사해서 어떤 마음가짐으로 임할 것인
지 적어야 한다. 해야 할 업무조차 알지 못하는데 어떻게 일 처리를 할
것인지 적자니 막막하기만 하다. 흰 백지에 정답을 요구하는 듯한 기분
이다. 하나의 회사에만 문을 두드리는 것이 아니어서 회사마다 다른 포
부를 작성해야 한다. 회사에 따라, 하는 일에 따라 각각 다르게 적어야
하지만 적정선을 유지하며 아는 척하는 것은 쉽지 않다. 5개의 회사 지
원을 한다면 5개 회사의 다짐을 해야 하는데 아무리 회사의 신념을 봐
도 떠오르지 않는 것은 신입이기 때문일까? 간혹 회사 이름만 바꿔가
면서 입사 후 포부를 작성하지만 글의 앞뒤는 엉성하기 짝이 없다.

어떤 사람들은 '저에게 기회를 주신다면 주어진 일에 최선을 다하겠
습니다.'라고 쓴다. 하지만 어떤 사람들은 주어진 일을 분석해보고 회
사의 성장을 같이 그린다. 예를 들면 '주어진 일을 A로 해보고 B를 달
성하겠습니다. 개선해 나가겠습니다. 혁신에 기여하겠습니다.'등 다양
하다. 용기 있는 사람은 포부에서 개선의 여지를 비치는 사람이다. 열
렬한 충성보다 나은 시도이다.

같은 돈을 받더라도 주어진 일을 시키는 대로 열심히 하는 사람, 어
떻게든 더 나은 성과를 만들려고 하는 사람이 있다. 업무가 주어지더라
도 출발하는 마음가짐이 다르면 결과는 어떨까? 전자는 자기가 한 일
도 회사 것이 되고, 후자는 자기가 한 일을 자기 것으로 만들어버린다.

신입이라는 테두리 안에 기술을 탐하는 것은 유죄가 아니다. 오너의 입장에서는 돈이라는 대가를 미래의 가치로 환산하는 습관이 있다. 이왕 같은 돈을 줘야 하면 미래에 대한 계획을 보는 신입은 인재의 중요한 힌트가 된다. 오너는 이력서를 받기만 하기 때문에 더 이상 쓸 곳이 없지만 성장이라는 이름으로 세상에 이력서를 계속 쓴다. 알아주는 이가 없어도 자신의 신념을 알리는 것, 생각의 끈을 놓지 않는 것은 증명이 아니라 자신과의 약속이다.

* * *

'생각대로 살지 않으면 사는 대로 생각한다.'라는 명언이 대학생 때부터 뇌리에 떠나지 않았다. 제일 단순한 말이지만 매섭게 정신 차리게 하는 말이기도 했다. 생각대로 사는 것은 부자가 되고 싶고, 맘 편히 살고 싶은 것에 대한 생각과 노력이다. 그게 아니면 현실에 갇힌 생각밖에 못한다는 것이 가혹한 현실이다. '나는 왜 이럴까?'라는 현실에 갇힐수록 밖으로 나오지 못하도록 관점이 제어할 수 있다는 현실이 무섭다.

할 수 있는 최선의 결정은 무엇인가?

성공한 사람들은 남들의 비난을 받을지라도 목표를 크게 잡는다. 이루기 위한 과정은 어렵지만 포기하지 않으면 창조하는 것을 아는 확신이 있기 때문이다. 높게 잡은 만큼 계획도 생각해야 한다. 세상에 없는 방법론은 하면서 찾는 것이다. 그렇게 만들어 가면 그만이다. 처음부터 완벽할 필요는 없지만 처음부터 큰 결심은 꼭 필요하다. 포부가 클수록 도전을 해야 것들이 많아진다. 기회라는 것은 돈으로 잡는 것이 아니다. 도전으로 잡아야 한다. 도전의 맛을 아는 사람은 다다를 때의 성취감을 잊지 못한다. 반면 도전의 맛은 반복되는 일상처럼 매일 느낄 수 없어 확신하기 어렵다. 자연히 기회를 보지 못하고 눈앞의 기회를 쉽게 포기해 버린다. 그러면서 한 가지 길만 고집하게 되는 것이다.

* * *

부산 사상구에 '이병용 구이가' 고깃집이 있다. 15평 남짓한 고깃집 치고는 작은 평수의 가게다. 사장님이 직접 고기를 구워주시기 때문에 굽는 동안 이야기할 수 있다. 처음 눈에 들어온 것은 불판이었다. 불판이 2중으로 되어 있어 굽는 기름이 숯불로 빠지지 않고 양쪽에 떨어지도록 되어 있었다. 처음 본 불판이어서 사장님에게 물었더니 직접 개발한 불판이라는 것이다. 개발한 불판 이야기를 하면서 자연스레 특허 이야기가 나오고 개발 과정을 들었다.

요식업과 관련해 고기불판의 12개 특허를 가진 분이었다. 간판이나 매장조차 화려하지 않은 소박한 사장님에게 듣는 포부는 반성의 시간이 되었다. 사장님은 실패 속에서 개발을 위해 가진 돈을 다 털어 설비와 용접 공간을 마련해 스스로 만들었다.

"농사를 지을 때 땅만 있으면 안 된다. 잘 받쳐주는 토양에 좋은 기술을 접목해 무엇을 재배할 것인지 결정해야 한다."

사장님은 삼겹살을 팔아 장비를 샀다. 돈이 많으면 도면을 그리고 주문하면 그만이지만 하나를 개발하기 위해서 700만 원의 돈이 들어간다. 몇 번 시도하면 금방 몇천만 원이 없어지는 것이다. 그 돈으로 장비를 사 수시로 연구하신다.

연구원이라는 직업을 가진 나는 사장님의 생각에 스스로 되돌아보왔다. 특허 개발 하나에 참여했다고 기뻐하기에는 이르다. 세상에는 나보다 열심히 노력하는 아름다운 귀인들이 너무나 많다. 자신과 타협하기보다 그것을 극복하기 위한 노력이 필요하다고 이야기한다. 만나는 사람들마다 20대를 위한 마음가짐에 대해 습관처럼 물었다. 그들의 지나온 시간에는 지혜가 담겨 있기 때문이다.

"해보기는 해봤는데 진짜 진심으로 해봤는지, 돈만 보고 좇아가는 사람들에게 묻고 싶다. 진심이 담겨 있는지, 미치도록 해보고 싶어서 해보기는 해봤냐고. 돈을 좇아가는 것은 미칠 수가 없다. 진짜 미친 사람들은 돈이 안 보인다는 것이다. 돈이 필요 없는 것이다. 아직 나도 스스로도 그 정도까지는 안 미쳤지만 돈을 정해서 가는 사람은 가짜일 확률이 높다. 우리는 죽음을 맞이하는 순간 태우거나 땅에 들어가면 없어지는 존재이다. 살다 보면서 느낀 것은 아, 최소한 대한민국 고기 굽는 판도는 바꾸고 가겠다."고 말했다.

잘되면 돈이 될 거고, 안 되면 안 될 것이지만, 먹고살면 그만이다. 계속해서 하느냐 못하느냐의 문제는 생각의 차이이다. 생각과 꾸준함이 못 미친 꿈으로 가는 길이다.

* * *

자오위펑의 '마음을 움직이는 승부사 제갈량'의 한 부분이다.

인재를 조그만 물웅덩이에 넣으면 미꾸라지가 될 뿐이지만, 커다란 바다에 넣으면 비바람을 부르는 교룡이 될 수 있습니다. 큰일을 하려는 사람이라면 반드시 인재를 위하여 하늘과 바다를 준비할 포부와 기백이 있어야 합니다.

하나의 작은 성공을 성취하면 다음 그 작은 성공을 얻기 위한 태도는 저절로 갖춰진다. 직접 눈에 보이는 것 말고 만져지지 않는 가시적인 꿈은 현실로 바꿀 수 있다. 하나씩 이루어 나가다 보면 그것은 흐름이 되어 새로운 기회들이 끊임없이 생겨난다. 최종 목표를 두고 세운 작은 계획들은 어떻게 연결될지 아무도 모른다. 다만 그 연결점을 이어가는 것도 당신이고 그 결과의 끝이 어디일지는 다다른 다음에 깨달을 것이다.

자신을 성장시키는 것만이 답이다

배움에 있어서 학식보다 중요한 것은 의욕이다. 나의 10대의 삶에 기준은 하루가 행복한 것이 전부였다. 하지만 살고 싶은 대로 사는 것은 남들로부터 인정되지 않았다. 이대로 살아서는 부모님마저 인정받지 못하겠다는 생각이 들었다. 나의 행동은 부모님의 거울이기도 하고 기대이기도 하다. 내 이름에 들어간 한자처럼 '효孝'를 위해서라도 성장해야 했다. 현실 안의 계획보다 현실 밖의 방법은 성장의 디딤돌이 된다. 처한 현실에서 만족을 느끼기에는 청춘이라는 단어는 눈부시게 반짝였다.

반짝이는 청춘처럼 꿈을 이야기할 때 두 눈이 반짝인다. 기대와 설레는 감정은 거짓말을 하지 않는다. 꿈을 상상하는 것은 의도된 표정에서 나오지 않는다. 아는 동생과의 얘기에서 일상을 말할 때의 눈빛과, 미래를 말하는 눈빛이 다르다는 것을 알았다.

"언니는 꿈을 말할 때 항상 눈이 반짝여요."

* * *

이제 막연히 잘 모르는 것은 항상 자극제가 된다. 공부에 무지했던 나는 4년제라는 단어에 이끌려 대학에 진학했고, 학회라는 위대한 타이틀에 이끌려 대학원에 갔다. 무식하면 용감하다는 말이 제일 속편하고 솔직한 말이다. 도전 속에 차별화가 경쟁을 앞서는 강력한 무기가 된다.

우리는 아름다워지기를 원하고 발전적인 삶을 원한다. 대부분 20대의 투자라는 개념이 졸업과 동시에 외적으로 편중되어 있다. 20대 여성들의 가방 속을 보면 생활을 짐작할 수 있다. 아주 큰 숄더백을 드는 사람, 백팩을 메는 사람, 핸드백을 드는 사람들이 있다. 파워 블로거들이 '가방 속 핫 아이템'을 공유하면 그 제품은 불티나게 팔린다. 제품의 광고 효과가 어마어마해서 필요 여부와 상관없이 위시리스트가 된다.

대학교와 대학원을 다닐 때 핸드백을 주로 들었다. 공부할 수 있는 것은 학교 사물함에 다 갖춰져 있었기 때문에 항상 들고 다닐 무언가는 화장품이 대부분이었다. 오히려 직장인이 되니 회의할 일이 잦아지면서 들고 다닐 것들이 늘어났다. 핸드백이 백팩으로 바뀐 것은 직장생활을 하고 나서부터다. 백팩을 메는 순간 여성스러운 정장 차림에 백팩은 영 어색하기만 했다.

자연스레 가방에 들어가는 물건들이 달라졌다. 화장품은 최소한으로 줄이고 책과 펜, 노트로 바뀌었다. 미적 기준이 달라진 것이다. 미적인 아름다움보다 지적인 아름다움이 더 빛을 발하는 것 같았다. 고정적으로 떨어지면 사야 하는 화장품이 있는 반면에 마음을 채워줄 책 한 권을 사지 않는다면 균형 있는 미를 추구할 수 없다. 꾸준히 읽는 책 한 권의 효과는 나를 더 아름답게 만들어 줄 것이다. 화장품 소모주기부터 시작하는 독서로 미의 균형을 맞추면 생각보다 훨씬 더 아름다워진다.

* * *

아빠는 차를 이동하거나 자투리 시간에 퀴즈를 즐겨 물었다. 대화가 잘되다가 부끄럽게도 막히는 순간이었다. 처음 보는 꽃 이름, 사자성어 등 물어볼 때면 나도 모르면 웃어버린다. 그럴 때마다 화내지 않고 질문의 답을 알려주고 설명해주었다. 다시 나에게 그 뜻을 물어봐서 제대로 이해했는지 확인하곤 했다. 가족에게도 모른다는 사실은 참 부끄러웠다. 쓸데없는 시간이라 생각했다. 민망함을 감추기 바빴지만 늘 빈틈없이 알려주었기에 나의 채워야 할 관점도 달라졌다.

스스로 소양이 부족했고 인문학적인 바탕이 없었다. 나를 잘 알고 있다는 사실만으로 더 많은 공부를 해야 하는 이유가 된다. 하지만 부족한 것을 깨닫기 전에 먼저 채우는 지혜가 필요하다.

더글라스 맥아더는 웨스트포인트에서의 고별 연설(1962년)에서 젊음과 늙음으로 두려움을 대비시키는 명연설을 한다.

"여러분은 믿는 만큼 젊어지고 의심하는 만큼 늙습니다. 또한 자신감만큼 젊어지고 두려움만큼 늙습니다."

믿음은 자신감의 바탕이 되며, 두려움을 이기는 것은 결국 자신감이다. 남들의 성장만 바라보고 있다면 부끄러워해야 한다. 똑같은 시간인

반짝이는 청춘처럼 꿈을 이야기할 때 두 눈이 반짝인다.
기대와 설레는 감정은 거짓말을 하지 않는다.
꿈을 상상하는 것은 의도된 표정에서 나오지 않는다.

데 타인을 바라보다 시간을 허비하고, 어제와 같은 오늘을 사는 것은 지루하기 짝이 없다. 빌린 꿈으로 인생을 그릴 수 없다. 대여의 의미에는 온전한 내 것이 아니다. 진짜 가질 수 있는 성장을 시작해야 한다.

직업만으로 성장의 결과를 논하기에 많은 변수들이 따라온다. 일이 불만족스러울 수도 있고 바뀔 수도 있다. 업무의 실패보다 적성의 실패를 통한 성장통은 더 아름답다. 다양한 직업군을 경험하면서 진정한 성장을 찾기 바빴다. 다양한 변화를 주저하지 않는 것, 투자에 미련을 두지 않고 원하는 것을 제대로 쏟아 보는 것은 성장의 동력이다. 실패의 시간에도 쓸모없는 시간은 없었다.

* * *

아시아의 별이라는 수식어가 붙는 SM 엔터테이먼트를 대표하는 가수 보아^{BOA}는 천부적인 재능을 위해 철저히 만들어진 사람이다. 이수만 회장은 보아를 작품이라고 부르며 30억 프로젝트라고 이야기한다. 당시 회사는 30억이 없었지만 가치 창출을 위한 투자였다.

나를 알고 미래를 읽는 정확한 눈은 결국 돈으로 돌아온다. 가치가 창출되면서 더 큰 이익을 기대할 수 있다. 보아에게 들어간 돈 200억 원과, 벌어들인 돈 매년 1,000억 원씩 10년이면 1조이다. 6년 동안 투자해서 얻은 이익이 약 9천 8백억 원으로 예상한다. 미국 진출 기자회견에서 이수만 회장은 말한다.

"보아가 없었으면 지금의 SM은 없어진 지 오래다."

* * *

20대 후반에 저축보다 투자가 많은 나는 제일 잘할 수 있는 일이 무엇인지, 어떻게 사회에서 쓰일 것인지 찾는 시간이었다. 돈을 모아야 해서 기회를 나중으로 미루어버리거나 포기하는 사람들이 많다. 고정적인 월급에서 자기 발전을 통제한다는 것은 앞으로도 딱 그만큼만 벌겠다는 말이다. 성장을 자처하지 않는다. 투자가 있어야 제대로 가꿀 수 있다.

당장 오늘 회사를 그만두면 남는 것은 무엇인가? 남는 것 없는 장사를 하면 회사에 충성을 다해 일하는 것밖에 안 된다. 물론 돈을 받고 일을 하는 만큼, 잘해야 하는 것은 백 번 맞는 말이다. 하지만 발전적인 사람만이 성장의 반열에 오를 수 있다. 승진도 능력이고 투자이다. 평생직장의 개념이 사라진 지금 번 돈은 소진되면 그만인데 언제까지 저축만을 고집하며 발전을 미룰 것인가? 투자는 더 나은 결과로 돌아온다. 미래의 변화에 대비하여 조금이라도 투자 할 수 있을 때 투자해서 기반을 닦아야 한다.

하고 싶은 일을 하면서 원하는 답을 찾아간다. 뒤에는 항상 지금보다 좋은 결과를 가져왔기 때문에 직업을 단정 짓지 않고 맹목적으로 직진하지 않는다. 성공을 위한 성장은 한 번에 크는 것이 아닌 미미한 정도를 걷는 것이다. 주변에는 시도하지 못하고 제자리에 앉아서 꿈만 꾸는 청춘들이 많다.

자기계발서를 읽다 보면 많은 수식과 타이틀로 희망을 이야기한다. 모든 것을 이루기 전에 아직 도전하고 있는 내 모습이 진정으로 아름답다. 글을 쓰는 이유도 성장을 위함이고 미래의 변함을 위함이다. 이 책이 세상 밖에 나오면 작가라는 꿈을 이루었고 생각에서 머문 것이

아니라 도전의 결과를 증명한다. 책에 생각을 담은 이상 더 확실한 삶
을 살아야 한다. 세상 어딘가에 미칠 나의 일은 아직 무궁무진하다. 수
많은 도전과 실패를 해보자. 시도만으로도 우리의 내일은 달라진다. 변
화는 확장이며 목표는 삶의 연결고리를 바꾸어 줄 것이다.

3장

지금 꾸는 꿈은
미래의 내 모습이다

진짜 꿈과 가짜 꿈을 구분해라

대학교 전공 과정에서 설계스튜디오 수업은 한 학기 동안 건축물을 직접 계획하는 것이다. 건축물을 짓기 위해 대지 분석에서부터 완성된 건물의 모형까지 만들어 판넬 전시나 PPT 발표로 성적이 매겨진다. 학기 시작부터 시작점이 좋은 친구들이 있다. 꽤 전문적으로 보이는 수준의 작품이 기대된다. 처음에는 감탄을 자아냈지만 인터넷에 떠도는 작품을 베껴 과제를 한 것이다.

첫 주차 수업인 대지 분석에서부터 시간이 지날수록 결과의 껍데기만 있을 뿐, 수업이 지날수록 과제를 버거워하기 시작했다. 결과물로 보았을 때는 훌륭하지만 친구는 설계자의 생각과 의도는 충분히 읽지 못했다. 혹 작품설명서가 있더라도 직접 설계하는 과정이 없었다. 발표시간에 이해하지 못한 것을 아는 척하는 것이 민망할 정도로 난감해 보였다.

어떤 의도로 건물이 지어졌는지 알지 못한다. 결국 발표시간에 원작의 누가 될 정도의 발표밖에 하지 못한다. 발표 결과는 보나마나 "컨셉부터 다시 해."이다. 스튜디오 수업 진도가 한 달 훌쩍 지나서야 친구는 기초적인 대지분석부터 다시 시작했다. 애초에 건물을 고민하지 않았기 때문에 다시 해도 조금 허술한 쉬운 작품을 베끼는 정도였다.

자신의 꿈을 이야기할 때 단편적인 직업으로만 말하는 사람들이 있다. 직업은 꿈의 한 과정으로 볼 수는 있지만, 그 직업에 대한 본질적인 의미를 생각하지 않는다. 어떤 삶을 살 것인지를 잘 고민하지 않는다. 소실 적 공부 잘하는 친구들을 보면 남들에게 뒤처지지 않은 넘쳐나는 스펙을 가지고 있다. 이상하게도 그들에게서 행복을 찾기 어렵다. 스스로 행복하지 않다고 말하는 이들도 있다. 원래 사공이 많으면 배가 산으로 가는 법이다. 묵묵히 인생의 꿈이라는 과제에서 길을 스스로 찾아 만들어야만 매너리즘에 빠지지 않는다.

* * *

설계스튜디오 수업은 건축 전공의 필수이자 기본적인 학문이다. 영화 '건축학개론'에 나오는 건축가의 로망이 아닌 한 학기의 시간이 부족할 정도의 창조 시간이 필요했다. 배우는 학생인데 건축사처럼 제대로 된 건축물을 지을 리 만무하다. 실수투성이라도 성적을 잘 받는 것은 고민거리가 아니었다. 주어진 문제를 풀어나갈 능력을 교수님께 증명받아야 했다.

스스로 고민한 작품이 처음부터 완벽히 풀리지 않아 지우고 다시 계획하면서 나의 천부적인 소질을 의심하기도 했다. 4학년 졸업작품전을 앞두고 설계스튜디오 수업에 '해양에너지 체험관'건물을 계획했다. 고향인 경북 포항 바다에 대지를 직접 조사했다. 포항 호미곶에는 해돋이가 장관인 쌍생의 손이 있지만 손이라는 공통된 모양을 형상화한 작품을 만들었다.

처음에는 너무 쉽게 장난치듯 컨셉 잡은 게 아니냐는 이야기를 했지만 건물 외관의 구조를 생각해야 했고, 손가락 사이 벌어진 공간을 어떻게 연결점으로 지을 것인지, 외장재는 어떻게 해야 창조적인 건물로 탄생할 수 있을지 끊임없이 생각했다.

한 학기 고민 끝에 탄생된 작품은 처음부터 끝까지 스스로 계획한 것이기 때문에 백 번 이야기해도 남들이 대신 설명할 수 없다. 포항 바다라는 지리적 특성에서부터 컨셉, 평면도, 내 · 외장재도 직접 고민하고 정한 작품이다.

건축물을 설계할 때 공간의 본질부터 제대로 이해해야 한다. 막연한 계획은 생각일 뿐이지 계획이 아니다. 집에 거주하는 사람이 있고, 그 집을 지어주는 사람이 있다. 입주자는 갖고 싶은 공간이 있고 거주하는 성향이 분명히 있다. 돈을 주고 짓는 것이기 때문에 요구사항이 충분히 반영되어야 한다. 반면 건축가의 몫은 요구사항대로 주어진 돈 안에서 최고의 결과를 만들어내는 것이다. 거주할 사람과 특성과 거주 구성원이 어떤지, 좋아하는 것은 무엇인지 고려해서 계획해야 한다.

'나'라는 집을 채우는 것도 계획한 대로 이루는 것도 내가 해야 할 몫이다. 주위에는 계획하는 것 이상으로 선명하게 이루는 사람이 있는 반면에, 계획조차 시도하지 못하는 사람들이 있다. 남의 꿈을 모방하는 것은 좋지만 그 속에서의 본질은 내가 찾아야만 번복이 없다. 럭셔리한 사람들은 겉치장이 많아보여도 그렇게 보여지기까지 많은 시간과 노력이 담겨 있다.

멋 부리기 좋아하는 사람이 처음부터 화려한 액세서리들이 늘 옆에 있지 않았던 것처럼, 꿈은 처음부터 가치를 가지는 것이 아니다. 그것을 만들어낸 사람의 확신이 있어서 만들어지고 시간이 갈수록 가치가 책정되는 것이다. 남들과 조금이라도 다른 사람들은 조금이라도 더 많은 노력을 했음을 알 수 있다.

* * *

존 맥스웰의 '리더십의 법칙'에는 진짜 꿈이 있는 사람을 비전 있는 사람, 가짜 꿈은 몽상가라고 구별한다. 비전이 있는 사람들은 말은 적지만 바로 행동한다. 이들은 내면의 신념에서 나오는 힘을 믿고 문제가 생겨도 앞으로 나아가기 때문이다. 이들에게 진짜 꿈은 타인이 정의한 것, 남의 삶이 아니라 오히려 남들과 반대로 가는 사람들일 수 있다. 안정된 꿈이라면 무엇이 두려울까? 반면 몽상가는 말은 언제나 일취월장하지만 그만큼 핑계가 많고 행동이 적다. 외부의 환경으로 자신을 파악하기 때문에 길이 조금 힘들어져도 내 길이 아니라는 확신을 가지고 그만둔다.

지금 꾸는 꿈이 진짜인지 가짜인지는 실패에서 답을 찾기 쉽다. 진짜 꿈은 실패할수록 도전 정신이 생기고 가짜 꿈은 실패하면 기다렸다는 듯이 많은 이유들로 쉽게 포기하려 한다. 차라리 일찍 포기하고 실패해도 계속 도전할 수 있는 나다운 꿈을 찾아야 한다.

현재 건축 연구를 하고 미래의 꿈도 계획하다 보니, 사람들은 나에게 상담을 요청한다. 대부분 안정적이지만 그 안정으로는 채워지지 않는 것이 있다.

"치열하게 살아서 안정적인 직장에 있는데, 즐거움이 없어요. 새롭게 도전하고 싶은 일이 있는데 포기해야 할 것이 많아요."

그럼 나는 무조건 도전해보길 권한다. 대부분은 "현실을 직시해라.", "이만큼 좋은 직장도 없다."라는 말이 더 그 자리에만 맴돌게 하는 것을 보면 한없이 안타까울 따름이다. 열정 앞의 도전에 어떤 일이 벌어질지 경험한 적이 없다는 생각 때문일까 모두 안정적으로 제자리를 권하는 사회가 되어버렸다.

우리가 눈을 뜨는 이유는 오늘의 목적이 있기 때문이다. 하루 해야 할 공부가 있다면, 해야 할 일이 있다면 그것을 최고로 잘하는 것은 기본이다. 하지만 당연히 해야 하는 일로 나의 하루와 바꾸면 안 된다.

많은 이들은 가짜 꿈을 살면서 진짜 꿈을 위해 도전해본 적이 없어서 잃을 것이 없다. 진짜 꿈이 무엇인지 모르기 때문에 꿀 수조차 없다. 진짜 꿈에 대한 목표조차 없기에 좇아갈 수 없는 것이 현실인 것이다. 머리로 셈하는 것은 절대 진짜 꿈이 될 수 없다. 머릿속에 타인의 모습을 떠올리기보다 내 마음을 이끄는 대로 찾아야 만날 수 있다.

* * *

단번에 근사해질 수 없는 것이 꿈이다. 졸업 후 바로 성공의 열쇠를 거머쥔다 해도 인턴이고 사원이며 최고의 자리에 이르기 위해 정도를 걸어야 한다. 열정과 꿈은 나의 미래에 대한 담보일 뿐이다. 보상해주지 않기 때문에 외롭고 흔들리기도 한다. 하지만 그것을 참을 수 있는 것이 진짜 꿈이다.

* * *

말수가 적은 것은 내면의 힘으로 다스린다. 그만큼 신중하고 행동으로 내 인생의 사다리를 하나씩 오른다. 문제에 직면해도 앞으로 나아갈 수 있는 것은 내 신념의 힘을 믿기 때문이다. 사람이 불안하면 입으로 내뱉는 위안을 받는다. 확신이 없기 때문에 실수를 두려워해서 행동은 할 수도 없다. 달걀을 깨고 싶은데 이게 익었는지 안 익었는지 알 길이 없기 때문이다. 그러다 보니 외부의 말에 의존하며 보여주기 식에서 희망을 얻고 한 발짝만 앞으로 가도 다시 마음이 원점으로 돌아가기 쉽다. 쉽게 들어오는 만큼 쉽게 다른 것도 눈에 들어온다. 우리는 진짜 꿈과 가짜 꿈을 스스로 착각하는 사람이 많다. 하지만 그 꿈의 결과는 무언가가 답으로 일어나야만 한다. 아니면 그것은 꿈에서 멈춰 버리는 것이다. 절대 잘못 판단해서 멈춰 있지 말자. 시시하게 살지 말자.

어떤 꿈은 용꿈, 어떤 꿈은 지렁이 꿈

　넘쳐나는 정보의 시대 덕분일까? 상황 판단은 더욱 쉬워졌다. 모르는 길도 간단히 검색하면 가는 길은 물론 주변의 여행지나 맛집 정보까지 넘쳐난다. 그 정보들 덕분에 빠른 결정을 내릴 수 있다. 하지만 이 정보들로 인해서 우리는 스스로 생각하는 것을 자연스레 거부한다. 바로바로 열어볼 수 있는 정보 덕분에 저장하지도 않고 기억하려 하지 않는다. 온라인에서 확인하는 것들은 뉴스나 전문서적이 아닌 경우 생각을 읽을 순 있지만 겉핥기식이다. 도움 되기는 충분하지만 내 것으로 흡수할 수 없다. 아는 게 힘이라는 말은 넘쳐나는 정보 속에 스스로 생각하지 못하는 환경만 조성될 뿐이다. 오히려 모르는 게 약이라는 말이 스스로 생각하기 더 나을지도 모른다.

　단편적인 예로 하고 싶은 꿈, 원하는 목표가 생기면 인터넷에서 검색을 한다. 검색만 하면 쏟아지는 내용과 불필요한 광고들이 검색 내용의 본질을 흐린다. 대게 생소한 것은 추측성의 글들로 대변되어지는데 단순히 그 글을 읽고 해보지도 않은 것을 바로 판단해버린다. 꿈이라는 것을 검색만으로 판단하고 결정하는 것이 얼마나 우스운가? 쉽게 찾은 꿈은 포기하기도 쉽다. 간접적인 정보를 마치 자신의 경험처럼 흡수해 버린다. 스스로 부딪혀보지 않은 것을 객관적 사실화하면서 생긴 근거 없는 자신감처럼 현실의 감각을 좀먹는 것은 없다.

대부분 어릴 적 꿈은 대통령, 과학자 등 광범위했다. 성공의 확률을 가늠하지 않고 단순히 생각한다. 중학교를 지나면서 꿈에도 격차가 생겼다. 기사에 따르면 학기 초마다 조사하는 장래희망에서도 '장래희망이 없다.'고 대답하는 학생들은 대부분 집안이 어려운 경우가 많다고 한다. 가정형편에 따라 꿈을 포기하기도 하고 가정환경이 높을수록 고소득 전문직을 희망한다. 가정형편이 어려울수록 돈을 벌어야 할 시기가 빨라진다. 결국 가정과 주변의 환경이 꿈의 격차를 벌인다. 전자든 후자든 중요한 것은 그 꿈에서 우리의 답은 없다는 것이다. 답을 찾지 않으면 시간이 지날수록 길을 잃은 기분일 것이다.

* * *

회사생활을 잘하던 지인이 불현듯 퇴사했다고 연락이 왔다. 나이 서른을 넘겨버린 그가 그만둔 이유는 바로 예전부터 뜻이 있다던 공무원 준비였다. '이제 와서?'라는 생각이 들었지만 그의 이야기를 계속 들었다. 그의 근황을 들을수록 공무원에 대한 확신에서 성공 여부에 대한 질문으로 바뀌었다. 그에게 공무원이라는 꿈은 진짜 좋은 꿈일까?

"공부를 할 수 있는 시간은 1년인데, 각오는 되어 있어. 하지만 성공할 수 있을까?"

"객관적으로 네가 볼 때 성공할 확률이 얼마나 되니?"

"다른 직장에 옮길 기회가 있었는데, 이것을 포기하고 도전할 만한 가치가 있니?"

위의 질문들은 이미 그가 공무원이라는 꿈을 가지고 미래를 고민한다고 하기에는 모 아니면 도의 이분법적인 사고다. 회사를 그만둔 이유는 현실이 불만족스러운 것인데, 그 답은 가슴 뛰는 것이 아닌 남들이 원하는 안정이다. 그토록 안정된 길이면 가면 그만인 것을 무슨 고민이 더 필요할까? 하지만 안정은 큰 위험이 없다는 증거와 동시에 미래의 큰 보장을 해주지는 않는다. 남들이 판단하는 안정된 꿈으로 현실과 타협하는 것이다.

* * *

나의 모교를 졸업한 선배는 학과 성적도 우수했고, 전공 자격증도 취득했다. 정해진 기준 안에서 열심히 한 선배는 크게 귀감이 되었다. 하지만 그의 꿈은 너무 생소했다. 대학교를 졸업하고 취업해서 일을 하다 보니 특성상 근로 시간이 너무 많았다. 성인 남자가 4년제 대학을 나와 기사 자격증을 취득하고 취업을 했지만 일에 매이는 기분은 어쩔 수 없어 퇴사를 결심한다. 퇴사를 결심하는 순간 꿈 앞에 한 발짝 다가섰다. 바로 배우가 되는 것이다. 흔히 어릴 때부터 시작해도 어려운 게 연예인인 것을 알고 있거늘 20대 후반에 모든 것을 포기한다는 것은 '이미 늦었다.'라는 주위의 만류가 제일 많았다.

집에서는 더욱 그러했다. 실컷 대학 졸업시켜 뒷바라지가 끝났는데 대학을 다시 한 번 더 가게 된 것이다. 연기는 책만 사서 시험만 보는 공부가 아니다. 연기학원 등록이 필요했고 연기할 시간이 필요했다. 등록금이 필요했고 학원을 다닐 돈이 필요했다. 한순간에 다시 아르바이트생이 된 것이다. 연기학원에 다니기 위해 낮에는 학원 수업을 듣고 야간에 편의점 아르바이트를 했다.

주변의 만류에 불구하고 나는 선배의 용기에 박수를 보냈다. 꿈을 위해 늦은 나이에 자처하기란 쉽지 않지만 현실에 순응하며 사는 것이 더 어려웠을지도 모른다. 2010년 아저씨 소품지원부터 2015년 뷰티인사이드 우진 89역을 맡기기도 하고 연기를 시작한 6년에야 비로소 소속사에 들어간 배우 우상기이다.

대략 6년 전의 용기는 대단했지만 지금은 이 모든 것이 당연해졌다. 결국 남의 말에 인생을 안 맡기고 자기인생의 책임을 진 결과다. 남이 인생을 절대 살아주지 않는다는 것이다. 나이와 환경 반대 모든 것이 순탄하지 않았음에도 그 당시의 상황을 돌아보면 처참하지 않았다고 한다. 그 시절도 안 힘들고 지금도 안 힘든 이유는 꿈을 찾았다는 것이다.

비로소 꿈을 가질 때 모든 것은 이유가 될 수 없다. 꿈 없는 삶이 더 처참한 것은 안 봐도 뻔하기 때문에 모든 것을 극복하는 힘을 가진다. 성공도 행복을 좇는 것도 중요하지만 순간 살아온 것을 느끼고 집중에서 하고 싶은 것을 하면 누구와 비교할 수 없는 내가 만들어지게 된다.

이렇게 저마다의 꿈은 다르다. 현 시대는 꿈마저 현실을 직시하라 강요한다. 자연스레 성인, 결혼, 노년을 생각하면 아무것도 모르는 것이

낮다고 할 수 있겠다. 영화 '댄싱퀸'에 나오는 황정민, 엄정화 부부만 보아도 누군가의 꿈이 옳고 나쁨을 이야기할 수 없다. 남편 황정민이 서울시장에 출마하기 위해서 아내 엄정화는 자신의 꿈을 다시 생각해야 한다. 남들의 시선 때문에 댄스가수라는 꿈이 서울시장 아내라는 타이틀의 꿈이 왜 될 수 없을까? 엄정화는 이야기한다.

"서울시장만 꿈이고 내 꿈은 똥이냐?"

* * *

꿈은 확률로 이야기하는 것이 아니다. 자신의 뜻에서 스스로 답을 내리면 어떠한 꿈이건 남들의 판단을 흡수할 필요가 없어지는 것이다. 진심이 있는 꿈은 좋고 나쁜 것이 없다. 좋은 길과, 좋지 않은 길은 업그레이드되지 않은 정보에 불과하다. 열정이 있는 곳에 내 꿈이 있다.

과거라는 덫에서 벗어나라

"네 축하드립니다. 포항시 청소년 가요제 1등입니다. 수상 후 앙코르
공연이 있겠습니다."

하나, 둘, 셋, 넷!
사랑을 나누어요. 노래를 불러요. 느낄 수 있는
우리가 가는 길이 희미해질 때면
서로를 느낄 수 서로를 느낄 수 있도록……♪

중학교 시절 나의 멋은 베이스기타와 앰프였다. 4줄짜리 베이스기타
를 앰프와 연결해 나오는 소리의 전율이 좋았다. 밴드의 이름도 영화
'친구1'에 나오는 여그룹 밴드 '레인보우'를 그대로 카피했다. 의미를

부여하기 위해 '하나님의 언약'이라는 뜻을 담은 무지개로 재해석하며 순화시켰다. 공연이나 대회가 있는 날이면 한쪽 어깨엔 기타를 메고 한쪽 손에는 앰프를 들며 돌아다니면서 '저 좀 보세요. 저 음악 하는 학생이에요.'라며 남들의 시선을 바랐다.

평일 방과 후에는 학교에서, 주말에는 교회에서 베이스기타를 쳤다. 노래를 들을 때도 베이스 소리에만 집중해 소리를 잡아내는 것을 습관화했으며, 들은 것은 바로 익혀야만 직성이 풀렸다. 중학교 3년 동안 다닌 종합학원에서 성과를 찾을 수 없었던 이유도 음악에 빠져 있었던 부분이 제일 크다.

중학교 시절 박경선 음악선생님은 지역의 여중에서 최초로 밴드를 만들었다. 드럼, 기타, 베이스기타, 전자피아노, 보컬 전 분야 학생들에게 맞춤형 트레이닝해 주셨다. 선생님의 열정 덕분에 교내동아리 수준에 머무르지 않고, 각종대회에서 수상할 정도의 실력으로 늘었다.

참 감사한 것은 중학교 시절 선생님의 음악교육이었다. 수업시간에도 교과서를 통한 실질적인 학습이 아닌 온정적이고 재밌는 수업을 진행하셨다. 매주 있는 음악시간이 너무 기다려졌다. 학교생활뿐만 아니라 청소년 문화에 감동적인 리더의 역할을 자처하셨다. 10여 년이 훌쩍 지난 지금도 SNS로 선생님의 소식을 접할 수 있다. 청소년의 문화의 선두에 계신다. 음악, 체육 등 다양한 동아리는 물론 가끔 청소년 가요제 소식이 들려올 때면 선생님은 여전히 참된 제자를 양성하고 계신다. 훗날의 친구들도 딱 지금 선생님이 가르치는 만큼만 잘 자라 주었으면 좋겠다.

중학생 3년 동안 종합학원을 다녀도 실업계 고등학교를 진학한 것은 회색빛 과거일까? 핑크빛 과거일까? 3년을 뒷바라지한 부모님의 입장에서는 회색빛이었을지라도 나는 핑크빛이었다. 그 시절을 지나는 부모님과 나의 관점이 달랐을 뿐이다. 부모로서 당연히 성장시켜야 할 교육에서 성과를 내지 못했지만 나는 결코 불행하지 않았다.

돌아보면 불편했던 것은 나 자신보다 주변의 인식이었다. 세상은 착하게 사는 것과 다르게 성적순으로 나의 가치를 매겼다. 암묵적인 차별이 존재하면서 '죄 없는' 나는 좌절감, 자신감 저하 등 사회의 필요 없는 존재라고 느낄 때가 많았다.

고등학교에 입학하고 성인이 되어서도 과거의 실업계 출신은 꼬리표로 남아 이차적인 피해를 계속 입어야 했다. 착하고 정직하게 사는 것으로 평가받기에는 이미 평가할 것들이 넘쳐나는 세상이다. 출신 학군, 동네, 부모님의 직업 등으로 판가름되어진다.

편향적인 인식의 시선은 내 꿈이 무엇인지, 내가 어떤 사람인지 궁금해하지 않는다. 불행은 나의 어떠한 상황과 견줄 수 없는 마음가짐일 뿐이다. 거짓말을 하거나 스스로의 문제에서 오는 죄책감이지 공부를 못 한다고 해서, 꿈이 없다고 해서 불행할 이유는 없다. 그 시절 나에게 공부는 목표가 아니었을 뿐더러 행복의 기준도 아니었다. 틀리고 맞고는 없는 가치에 관한 차이일 뿐이다.

그 회색빛의 그림자는 내가 본 시선일 수도, 남들이 본 시선일 수도 있다. 이미 엎질러진 물은 어쩔 수 없다. 이를 통해 어떻게 주워 담고

정리할 것인가를 생각해야 한다. '그렇게 하지 말았어야지.'라는 생각
을 하게 되면 과거 관점에 머물러 현재와 미래에 집중할 수 없다. 모든
일어난 일에 의연하게 받아들일 필요가 있다.

아침에 알람을 듣고 일어나 하루를 시작하는 아침에도 시간은 항상
지나고 있다. 지나가 버린 시간에 대해 자기반성은 좋지만 반성을 뛰어
넘은 발전이 필요하다는 이야기다. 가치 판단은 인간 의식이 성장한 결
과이다.

* * *

성년으로 자라는 20살 이전의 미성년기 환경이 무척 중요하다. 환경
에 의해 사고가 형성되는 것이 인생의 뼈대를 만드는 과정이다. 포항에
서 자란 나는 세상이 어떻게 돌아가는지 볼 수 있는 눈이 없었고, 꿈의
중요성과 미래의 방향에 대해 조언해주는 이도 없어 꿈꿀 수 있는 환
경이 되지 않았다. 만나는 친구들도 그러했다. 미래나 직업에 대한 경
각심을 느끼지 못했다.

대체로 인생의 방향은 부모님이 원하는 대로 정해지는 것이 보편적
이다. 오빠와 쌍둥이 언니를 포함한 3남매의 교육환경은 고등학교 진
학 때 확실한 차이를 보이기 시작했다. 3남매 모두 중학교 3년 사교육
을 받아도 차이는 천차만별이었다. 친오빠는 지역을 대표하는 고등학
교에 입학했고, 나와 쌍둥이 언니는 실업계 고등학교에 갔다. 이때부터
차이를 빠르게 인정했던 것 같았다.

진로에 있어서 부모님의 역할은 최소한의 공부는 권하셨다. 부모 세
대에서는 못 배운 것에 대한 사회적 차별을 직접 경험하셨기 때문이다.

남들 못지않게 배워서 떳떳하게 사는 것을 일러주셨다.

＊ ＊ ＊

가장 가까운 비교대상은 남매이다. 오빠는 공부도 잘했고 꿈도 컸다. 집안의 기대를 한껏 받은 장남이었다. 언니와 나는 둘 다 실업계에 진학했지만 남들이 말하는 기본 머리가 언니에게는 있었고 나는 부족했다. 언니는 누구도 가르쳐주지 않은 일본어를 잘했고 특히 수학을 잘했다. 무언가 던져진 질문에 딱 맞는 답을 혼자 끙끙 앓아대며 결국에는 풀고야 마는 과정을 즐겼던 것 같다. 나는 영어 수학에 특히 취약했고 국어 도덕과 같은 기본적이고 윤리적인 것을 상대적으로 잘했다. 공부는 너무 어려웠다. 학원에서 수학문제를 풀지 못해 손바닥을 맞을 때면 창피함과 서러움이 동시에 복받쳤다.

지금은 과거이지만 그 당시에는 현실적이었던 것은 공부를 못 해서 부모님이 별 기대를 안 했다는 것이다. 또 꿈 앞에서 어떠한 제한도 두지 않았던 것이다. 실업계 고등학교를 졸업하면서 더 이상 할 수 있는 일이 없다는 생각이 드는 순간 무언가라도 시도해야 했다. 남의 말대로 짜인 일로 평생 살아야 한다는 것에서 사회의 부품이 되어버린 느낌을 떨칠 수가 없었다. 내가 변해야만 사회에서 더 할 수 있는 것이 많은 사람이라는 정신이 번쩍 들었다.

고등학생 때 공부를 뛰어나게 잘하지도 못했던 나는 무엇을 도전하기에 피해의식이 강했던 것은 사실이다. 뭘 해도 안 된다는 생각이 절대적이었다. 하지만 조금 더 나은 내일을 위해서 오늘이 아닌 지금부터 노력해야 했다. 막연하지만 추상적인 꿈에 대해 계속 답을 찾아야 했고, 당시 멘토도 없었던 나는 자기최면으로 모든 것을 극복했다.

자기 확신이 부족했지만 더 나아질지 넘어질지 모르는 상황을 현실의 크기로 감당하고 욕심내기로 했다. 환경이라는 이유를 변명하는 것으로 인생을 책임지기엔 너무 싫었다. 얼마나 성장할지 모르는 10대를 지나는 나의 다짐은 그랬다. 현실은 불안하기도 했고 불만족으로 넘쳤기에 선택과 책임에 행복하게 살고 싶다는 목표를 가지고 더 나은 삶을 그리기에 도전한다.

* * *

공부의 진정한 의미를 깨닫기에는 오랜 시간이 걸렸다. 10대에 했던 공부는 적어도 내 기준에서는 의무적인 것도 필수적도 아니었다. 하지만 20대부터는 안 하면 안 되는 것이었고, 남에게 지면 더더욱 안 되는 것이었다. 그랬기에 절대적인 시간확보가 필요했다. 남들이 한 시간 하고 두 시간 쉴 때 나는 세 시간을 꽉 채워야 겨우 쉴 수 있었다. 불평하지 않았다. 남들은 내가 놀 때 공부했을 것이니 그들은 보상이고 나는 노력이다. 적어도 남의 시선에서는 그 시절의 내가 부끄러웠을지도 모른다. 나의 지나온 시간들은 어느 누구에게도 비난받을 이유는 없다. 과거는 적어도 내가 만든 사실인 것을 인정과 동시에 그 시기를 이겨낸 지금이 있기 때문이다.

좋았던 기억도 과거이고 나빴던 기억도 과거이다. 오늘이 지나면 이 모든 것이 과거이기 때문에 인생을 즐기는 마음가짐이 필요하다. 흐린 뒤에 무지개와 소나기 뒤에 가을이 오고 겨울이 오는 것처럼 우리 인생은 다양한 일이 지나가고 다가올 것이다. 세상 어딘가에 내가 미칠 일을 찾다 보면 과정만으로 지금 이 순간을 그리워할 것이다. 지금만큼 언제 더 언제 더 초라해볼 것인가? 가난해 볼 것인가?

현실의 불만족을 반복하는 것도 내일이면 과거가 되어 생각을 지배할 것이다. 이제는 과거에 머물지 말고 그 과거를 미래로 바꾸는 생각이 필요하다. 과거를 안고 행복을 위해 달려가자. 내가 계속 공부를 하는 이유도 행복하게 살기 위해서이다. 배우는 것 자체가 자신을 사랑하는 행위가 된다. 시작하지 못했다면 떠오르는 상상부터 나를 맞아보자. 분명 달려갈 길은 있을 것이다. 풍요롭고 선한 꿈으로 살다 보면 그 어떤 과거도 나를 막을 수는 없다. 꿈을 가지려고 노력하는 자신의 과거와 싸움은 아름답다. 과거를 되돌릴 수 있는 이는 없다. 앞에 놓인 것은 우리의 찬란한 미래이다.

좋았던 기억도 과거이고 나빴던 기억도 과거이다.
오늘이 지나면 이 모든 것이 과거이기 때문에
인생을 즐기는 마음가짐이 필요하다.
흐린 뒤에 무지개와 소나기 뒤에 가을이 오고 겨울이 오는 것처럼
우리 인생은 다양한 일이 지나가고 다가올 것이다.

불안과 두려움에 지지 마라

'사막 별 여행자'에서 사막에서 오아시스에 도달하기 전에 죽음을 맞이하는 것은 더위와 갈증 때문이 아니라, 인간의 조바심 때문이라고 말한다. 이처럼 상황에 주저앉는 것은 우리에게 처한 현실이 아니라 두려움을 수반한 생각 때문이다. '불안'이라는 심리는 배가 아프다고 화장실을 가면 해결되는 것처럼 일시적인 생리적 현상이 아니다. 상황의 '인지'에서 오는 감정이다. 차후에 일어날지도 모르는 불확실한 감정을 안고 오아시스를 찾아 걸어가는 것과 같다.

평소에 어떤 불안이 우리 곁에 있을까? 그리고 극복하는 그들에겐 어떤 힘이 있을까? 사막에서 오아시스를 향해 걷는 것과 불확실한 인생을 향해 걷는 오늘날과 별반 다르지 않다. 주어진 현실보다 생각이 나를 더 불안하게 하거나 두려움을 느낀다면 생각을 조절하는 방법으로 나를 보호할 수 있다.

우리는 사소한 감정부터 불안을 느낀다. 작게는 친구들과 수다를 신나게 떨고 나서 말하지 말았어야 할 비밀을 이야기하거나, 중요한 프레젠테이션으로 결과를 판가름하는 날 등 시시때때로 느끼게 된다. 결정의 순간에도 실수투성이가 되는 바람에 마음의 평화를 잃게 된 경험 또한 불안했기 때문이다.

불안은 누구도 피해갈 수 없을 정도의 면역을 가지고 있는 생존을 위한 필수 본능이다. 마음이 평온할 때 절대 느낄 수 없는 것이 불안과 두려움이다. 남들보다 뛰어난 사람이라고 해서, 좋은 옷을 입었다고 해서 없어지는 것이 아니다. 무언가 최초라는 타이틀을 건 사람이라면 불안과 두려움을 안고 시작한다.

* * *

항상 문제에 직면할 때면 의문으로 시작했다. 그 후에는 답을 찾아야만 했고 완성시켜야 했다.

어설프게 대충 넘어가면 결국 불안한 감정만 남긴 채 해결점을 찾게 되는 어리석은 행동만 반복하게 된다.

공부라는 선택이 어려운 길임에는 틀림없었다. 작은 생각들을 실행으로 옮길 때마다 또 다른 과제에 직면해야 했다. 그럼에도 인생에는 해결해야 할 일들이 너무 많고, 그 결정과 책임은 실행해야 할 나의 일이다.

오늘날의 자본주의에서 생각한 것을 이루어야 현실이 바뀐다는 사실과 가치가 창조되는 것을 깨달았을 때 현실에 나약함을 딛고 도전해야 했다. 선택의 확신이 맞을 거라 말해주는 사람이 없었었기 때문에 인생의 과제는 나에게 불안하다고 회피해야 할 상황을 지켜봐주지 않았다. 불안과 두려움보다 못 해서 도망친다는 생각이 크게 다가왔다. 지금까지의 길도 성공으로 보장된 길이 아니지만 오늘날 내가 책임지고 해결해야 할 내 인생 아닌가. 어떻게 세상을 바라볼지, 그 세상 속에 나의 존재를 어떻게 창조해야 할지의 문제는 나의 임무이다.

* * *

이처럼 누구에게나 평온을 깨트려야 할 순간이 찾아온다. 그 상황에 따른 저마다의 느낀 불안감은 어떤 느낌일지 체감할 수 없다. '결국 당신이 이길 것이다'의 나폴레온 힐이 위기에 처한 상황에서 느낀 처참한 측면을 이렇게 이야기한다.

"첫째, 위기의 상황이라는 속성 자체가 계속해서 나를 망설임과 두려움 상태에 머무르게 했다. 둘째, 강요된 운둔 생활이 나를 나태하게 만들었고, 그렇게 흘러가는 시간에 대한 중압감으로 자연스럽게 나는 걱정하는 일 외에 다른 일은 할 수가 없었다."

헛되이 흘려보냈거나, 의미 있게 보낸 오늘도 결국 내 인생이다. 왜 해결해야 하고 감당해야 하는지 모를지언정 오늘의 하루에 말과 행동을 깨트려야 어떠한 위험도 감당하는 힘이 된다. 불안은 무기력으로 바뀌고, 무기력은 운둔으로 바뀌는 과정이 그려지면 불안을 넘어서 불운으로 작용하게 되는 것을 절대 잊지 말아야 한다.

불안과 두려운 감정은 분석이 아니라 감정인 것과, 그 생각이 얼마나 위험한지 테일러 클락의 '너브'에서는 이렇게 이야기한다.

"어떤 잠재적 결과가 마음속에 선명하게 그려지면 부정적인 감정이 강렬하게 일어나서 꼭 그렇게 될 것처럼 보입니다. 가령 현실에서 살인이 일어날 가능성은 거의 없지만 살인은 강렬한 부정적 감각을 동반하기 때문에 사람들은 살인이 일어날 가능성을 훨씬 크게 생각 합니다."

위의 이야기처럼 살인이라는 가정에서 관찰해야 할 점은 두 가지이다. 인질극을 벌인 인질범과 그 인질범을 대응하는 경찰이다. 인질과 경찰 모두에게 불안과 두려움이 공존하게 되는 순간이다. 박미옥 강남 경찰서 강력계장은 불안 증세와 경계해야 할 요소를 다음과 같이 이야기한다.

"인질극을 벌이는 이들의 슬픔과 분노, 절망 같은 감정도 일반인들과 똑같아요. 시간, 대상, 방법이 다를 뿐이죠. 이들을 상대할 때면 내가 저 정도로 미쳐 돌아버릴 때가 언제였는지, 당시 어떤 심정이었는지, 가장 원했던 것이 뭐였는지 떠올려 봅니다. …… 위기 협상 요원들은 인질범을 제압 대상이 아니라 구조 대상으로 보아야 할 필요가 있습니다."

위험한 상황이 다가오는 것은 그 기나긴 대치 상황 동안 원인을 찾는 것에 주안점을 두어야 한다. 인질범 이야기를 들어보면 트라우마를 끄집어 낼 수 있고 원인도 찾을 수 있다. 안정되면 비로소 대화를 할 수 있다. "당신 때문에 몇 사람이 고생하느냐." 하는 말이 튀어나오는 순간 인질범은 자제력을 잃게 되는 것이다. 불안과 두려움이 극에 달하면 전혀 예상치 못한 결과를 가져오는 것은 감정 문제다. 두려움은 자칫하면 지나친 자신감으로 현실을 상실할 수도 있고, 섣부른 확신은 잘못된 결과를 초래할 수도 있다.

반드시 두려운 감정이 해가 되는 것은 결코 아니다. 모든 것을 두려워하면 그것은 위험요소의 변수를 줄여 보호 장치가 되어 유익으로 다가온다. 인질범과 경찰의 대치 상황에서 알 수 있듯이 자칫 섣부른 판단에서 불안과 두려움의 감정을 이용한다면 해결해야 할 정확한 방향으로 보호해줄 수 있다.

* * *

산을 오르는 과정에서 땀을 흘려야 하고 강을 건너려면 발을 담가야 한다. 오르는 산이 높고 건너는 강이 차가워 금세 포기한다면 목적지는 커녕 어디에도 도달할 수 없다. 시험공부를 한 번도 하지 않았으면서 1등을 바라는 것은 바라지 않는 것과 똑같은 이치이다. 중요한 것은 내 인생의 모든 상황이 안정되길 바라는 것보다 걸어야 하는 우리 인생의 길 속에 불안과 두려움은 마음먹기에 조절이 가능하다는 것과 인지할수록 나를 보호한다는 것이다.

현실이 불안하고 두렵다고 해서 바로 앞의 한계에 주저하지 말자. 두려움은 인지하는 여부가 아니라 해결해야 할 수단일 뿐이다. 한 치 앞도 볼 수 없는 인생이기에 우리는 앞으로의 운명에 그려질 그림을 알 수 없다. 순간순간 마주할 때 비로소 처한 상황을 이해하게 되는 것이다. 사막에서 길을 볼 때 바로 앞을 보고 걷는 것이 아니라 별을 따라 걸어가야 하는 이유이다.

절대 타인과 비교하지 마라

"어머? 우리 애랑 식사했다며? 굳이 안 그래도 되는데."

친구의 어머니를 길에서 만난 날이었다. "안녕하세요?"라고 인사를 하자 돌아온 말이다. 미래에 관해서 상담할 것이 있다며 요청한 친구와 식사를 하고, 그 친구의 응원을 위해 식사비용을 내가 내며 격려를 아끼지 않았다. 따져보면 만나자고 연락한 것은 친구이고, 베푼 건 나이며 멀리하라는 편견은 친구의 어머니였다.

실업계라는 타이틀의 인식은 그랬다. 친구는 명문 고등학교를 나와 전공이 같았으나 휴학하고 갈피를 잡지 못해서 요청한 것인데, 친구 어머니는 평소에 나를 웃으면서 대하셨지만 무언의 감정은 다르게 느껴졌다. 체감하지 못한 말은 며칠 내내 기분을 이상하게 만들었다. 굳이 안 그래도 된다는 말에 스스로가 실업계 출신이라는 이유로 편협적으로 받아들인 것은 아닐까 생각했지만 마치 '우리 아이랑 어울리지 마라.'는 뜻 같았다. 증명하기라도 하듯 친구 어머니에게 그 이야기를 들은 후 친구도 나에게 서서히 연락이 없었다. 그 부모가 바라본 나의 모습보다, 오히려 표준화에 갇혀 스스로 의견을 한마디도 말하지 못하는 친구가 불쌍해 죽을 지경이었다.

인생에 비슷한 범주에 있다고 해서 다 같을 수는 없다. 다를 수밖에 없는 것이 가족, 환경, 생각 등 요인들이 너무나 다르기 때문이다. 우리가 언제부터 손뼉이 잘 맞았다고 담합하듯 당연한 길을 걷는 것일까? 다 같은 학교를 졸업하고 선택한 학과를 적성이라 받아들이며, 졸업했다고 인생이 졸업장이라는 틀에 굳혀지는 것은 아니다. 학과에 충실해서 미래를 계획하는 것은 더할 나위 없이 좋지만 똑같은 과정만 이수할 뿐이지 그 시간이 나에게 어떤 모습으로 보상해 줄 것인지는 자신이 결정하는 것이다.

지금까지 살아온 모습은 원했건 원하지 않았건 당신이 선택한 삶이다. 행복할 수 없는 현실에서 더 나은 미래를 기대하는 것은 이기적인 욕심이다. 현실을 바꿀 수 있는 힘은 당장 지금이 아니라 미래를 볼 눈을 가지는 것이다. 바꿀 수 있는 현실이 없다면 생각부터 바꾸어 관점을 다르게 해야 한다. 생각에 가려진 미래는 언제든지 기다리고 있다.

* * *

'나는 어떻게 살아야 할까…….'

열심히 공부한 친구들은 'in 서울'이라는 종이를 부적같이 벽에 붙이고 대학 원서를 썼다. 한계에 순응을 하게 된다면 나는 대기업 생산직에 원서를 쓰는 것과, 배운 것과 무관하게 소위 취업이 잘되는 학과를 선택했을 것이다. 대기업 생산직은 안정적이고 고수입을 보장했지만 취업을 해서 돈벌이를 하기 이전에 나를 찾는 것이 우선이었다. 디자이너에 대한 로망이 있었기 때문에 디자인학과에 원서를 냈다. 친구들 중 몇 안 되는 4년제 대학의 디자인학과는 내가 할 수 있는 한계를 깨트리는 선택이었다. in 서울이라는 부적에 비할 수는 없지만 무엇보다 든든했다.

대학을 입학하자마자 불안감은 바로 엄습했다. 공부는 해본 적 없는 내가 이제는 진짜 경쟁에 마주했을 때 스스로 타인을 견제하기 시작했다. 그러면서 대학교를 진학한 선택이 과연 옳은 것일까, 여기서 실업계 출신의 꼬리표로 보기 좋게 실패하게 되면 어떻게 해야 할지 고민했지만 다행히 나는 쓸모없고 무능한 사람이 아니었다.

클레멘트 스톤W.Clement Stone은 사람들 사이에 큰 격차는 존재하지 않는다고 말했다. 하지만 작은 격차가 큰 차이를 만든다. 이 작은 격차는 삶의 태도이며 큰 차이는 그 태도가 긍정적이냐 부정적이냐의 문제에 달린 것이다.

＊ ＊ ＊

20대부터 지금까지 비교적 학생인 시간이 길었기 때문에 이따금 들리는 주변의 취업소식은 허를 찌르는 듯했다. 장담 못 하는 길을 욕심 때문에 잘하지도 못하면서 손에 쥐고 있는 건 아닌지 생각했다. 주위 친구들의 대기업 취업 소식에 창업을 해서 대박 친 친구들까지 다양했다. 어떻게 하면 일찍부터 두각을 나타내는지 비결이 궁금했다. 그들은 한때 나에게 언제까지 공부만 할 거냐는 걱정의 눈초리를 보내기도 했다. 대학원 진학을 앞두고 미리 스스로 자립한 친구들과의 수입을 비교하면서 수익과 손해를 계산하며 가치를 매겨보곤 했다. 하지만 나의 생각은 달랐다. 20대에 잘 번다고 얼마나 잘 벌고, 못 벌더라도 얼마를 못 버는 걸까? 20대의 돈 차이는 종이 한 장 차이일 뿐이다.

수입은 나보다 나을지 몰라도 그들은 그들만의 걱정이 분명 존재했다. 돈벌이에 급급한 친구들은 오히려 미래를 위해 달려가는 내 모습을 보며 자신의 꿈을 찾았다. 부모가 정해준 길을 가는 그들은 내가 부럽다고 했다. 어쩌면 하고 싶은 것이 없기 때문에 돈을 벌어야 한다는 사고가 절대적으로 작용한 것 같다.

* * *

폴커 치크의 '심리학 나 좀 구해줘'에서 비교에 관해 흥미로운 실험이 있다. 하나는 자신이 문제를 정확히 풀면 돈을 지급해주고, 옆의 모니터를 통해 옆 사람이 얼마나 버는지 두 눈으로 측정했다. 결과는 자신이 돈을 벌 때 기뻐했지만 옆 사람보다 더 많은 돈을 벌 때는 더 큰 기쁨을 느꼈다고 증명하였다. 이것을 '사회적 상승 비교'라고 말한다. 타인과 나를 비교함으로써 더 많이 가졌을 때는 행복을, 더 적게 가졌을 때는 불행에 빠지는 것이다. 이 현상을 만든 미국의 사회 심리학자 레온 페스팅거Leon Festinger는 인간은 자신의 평가를 위해 남과 비교한다는 것이다. 남들과 비교해서 더 좋은 생각을 가질 수 없다는 사실이 타인과 비교가 얼마나 절망적인지 이야기해 준다.

비교와 기쁨의 상관관계를 찾으라면 나는 비전과 감사라고 말하고 싶다. 나보다 못된 사람, 못난 사람에게도 배울 것은 있게 마련이다. 관점을 비전과 감사에 두면 모든 것은 참고대상이 된다.

첫째, 나와 아주 비슷한 처지에 있는 사람과 비교가 된다면?

나와 비슷한 처지에 놓인 사람들과 비교해서 조금 더 넉넉한 사람이 되고 싶었다. 현실적인 방법으로 판단하기 쉬운 존재이다. 조금씩만 더 잘하면 꾸준히 성장할 것이다.

두 번째, 나보다 못난 사람과 비교가 될까?

비교라는 단어가 자극적일지 모르겠다. 나보다 상황이 더 어려운 사람들을 통해 감사를 느끼는 것이다. 내가 가지고 있는 것을 더 풍요롭게 느끼게 해줄 수 있으며, 도움을 주기 위한 노력이 필요하다. 혼자서 잘사는 세상이 아닌 것은 도움을 받았으면 도움을 주는 것이 세상의 지혜이다.

세 번째, 나보다 잘난 사람과 비교가 된다면?

너무 잘난 사람의 비교는 절망이다. 자극이 되는 비교는 조금 더 열심히 할 수 있는 원료가 된다. 좋은 습관이 배어 있는 사람을 통해 나의 습관을 돌아보지 말고 좋은 습관을 체화시키는 것이다. 그들의 장점을 체화시킴으로써 자존감이 높아지고 또 다른 습관을 그릴 수 있다.

놀라운 습관의 힘은 남들의 비교에서 오는 것들을 하나씩 고쳐나가면 나중에 더 디테일한 모습이 눈에 들어오게 된다. 이제는 더 나은 모습으로 더 나은 습관들을 따라가려고 하는 자신을 볼 수 있을 것이다. 우리 자신은 그 누구와도 견줄 수 없다. 비교의 기준도 잣대도 있을 수 없는 것이 내 인생이다. 지금 내 모습에서 조금만 더 아름답고 예쁘게 자신을 가꾸다 보면 언젠가 그들이 나를 동경하게 될 것이다. 명화가 몇 억에 팔렸다고 가정해 보자. 화가들은 그 작품을 다시 그릴까? 명화를 똑같이 그렸다 할지라도 후작은 모조품일 뿐이다.

우리의 마음은 비교할수록 불평이 늘어나기 때문에 되도록 나은 것을 인정하고 내 것으로 만들기 위한 노력이 필요하다. 지나친 비교로 불행이 된다면 존재의 소중함마저 잃어버릴 것이다. 당장 바뀌진 않더라도 오로지 나만의 삶으로 세상을 풍요롭게 만드는 삶을 그리다 보면 내 안의 명화가 그려진다.

비교에는 정답이 다를 뿐이다. 더 나은 것을 보고 느낄 때 인정할 것은 비교가 아니라 나의 고쳐야 할 습관이다. 잊지 말자. 나는 누구와도 비교할 수 없는 소중한 사람이다.

　　　　　　　　　／ 나답게 뜨겁게 화려하게

꿈을 가졌다면 바로 실행해라

　현실에서 이룰 수 없는 것을 생각할 때 공상 혹은 망상이라 부른다. 생각을 그림으로써 순간의 행복은 있지만 실행이 있어야만 공상에서 벗어날 수 있다. 실행 없는 상상은 그림의 떡일 뿐이다. 공상은 원하는 생각들로 이루어진 반면에 망상은 사실과 무관한 헛된 판단이다. 마음먹은 것을 실행하지 않으면 기존에 가진 생각조차 시도하지 못하고 무기력으로 바뀌어 버린다.

　영어 시험을 준비하기로 마음만 먹고 도전과 미루기를 반복한다. 영어 책의 개정판만 팔아주는 격이다. 당장 급한 것이 아니기 때문에 몇 개월 뒤에 시작하겠다고 미루었지만 아직 완벽한 목표에 다다르지 못했다. 해야 하는 의무감만 늘어날 뿐 목표는 자꾸 멀어져가는 것만 같다. 원하는 목표를 위해 공부하지 않으면 전에 했었던 시간들조차 의미 없는 시간으로 변해 버릴 것은 분명하다. 아직도 미루자는 다짐을 하는 순간부터 영어책은 서랍 뒤로 밀려났다. 기본 중의 기본인 영어단어조차 들여다보지 않았다.

지금에서야 느끼는 것은 시간 비일관성^{Time inconsistency} 현상이다. 처음의 미루었던 선택이 타당하고 합리적이라 생각했지만, 모습만 상상할 뿐 변할 의지가 다음이라는 단어 뒤에 숨어버린다. 이제야 하루 한 장이라도 꾸준히 했으면 목표 달성에 빨리 가는 이치임은 누구나 알 수 있다. '나중에'라는 합리적인 자기 암시에 많은 이들이 속고 있다.

* * *

움직이게 하는 실행의 힘은 무엇일까? 명확한 목표를 세우는 것보다 지나가는 길목에서 문득 들었던 생각이나 떠올랐던 감정이 실행으로 이어질 때가 있다. 이탈리아 밀라노 패션 명품브랜드 돌체앤가바나에 동양인 최초 디자이너가 있다. 동양인 디자이너 '조르지오 박'이 돌체앤가바나를 접하게 된 것은 홍대 술집에 붙은 흑백사진 한 장이다.

사진 한 장이 어떻게 실행하게 만들었냐고? 답은 그의 가슴에 있다. 그는 대학을 가고 싶지 않아 가지 않았다. 술집에서 본 잡지 '보그 이태리'에 돌체앤가바나의 흑백광고를 보았다. 가슴이 두근거리기 시작했으며 패션을 한 번도 생각해 본 적 없던 그가 로고를 보고 상상한 것은 돌체앤가바나에서 일을 하는 것이다. 필요하지 않아 가지 않았던 대학이 필요해진 순간이다. 2년제 대학을 졸업하고 무작정 밀라노 땅을 밟아 면접을 보았으며 인턴의 기회를 잡았다. 당시 이사가 했던 말이 그의 열정을 말한다.

　　　　　　　　　　　　

"넌 정말 돌체앤가바나 스타일이군!"

누구나 한 번쯤 막연한 상상을 한다. 그것을 이룰 수 있는 강력한 무기는 들뜨게 하는 가슴에서 시작하는 것이다. 가치나 기회가 바로 정해지지 않기 때문에 이 결정이 맞는 것인지 틀리는 것인지 헤매는 것이다. 하지만 우리 마음속의 꿈은 보물찾기가 아니다. 재료가 무엇인지 찾기 위해 숨겨진 것을 계속 찾아야 한다. 바로 소유할 수 없기 때문에 찾은 것을 이용할 수 있는 사람만이 꿈은 연결점이 된다. 조르지오 박처럼 모든 생각에는 이유가 있기 마련이고 그 이유를 알았다면 과정을 준비해야 한다. 정해진 목표를 맞추어 조절한 계획으로 상상을 현실로 바꾸었다. 실행하느냐 마느냐에 따라 도전이 된다. 좁은 세상을 벗어날 기회는 무수히 많다. 담장 밖에 펼쳐질 세상을 느낄 자신만 있다면 무엇이든 가질 수 있다.

* * *

영국 괴짜 CEO 리처드 브랜슨의 좌우명은 '용기를 내서 일단 해보자!'이다. 마냥 목표를 바라보고 있거나, 그 사이에 놓인 머나먼 길이나, 마주치게 될지도 모르는 수많은 위험들만 생각하다 보면 한 발도 내딛지 못하게 된다. 안 그래도 불확실한 오늘날의 가장 빠른 이익을 얻는 방식이다. 목표를 달성할 수 있는 적절한 방법을 이제까지의 경험에서 찾을 수 없다면 방향을 바꿔서 다른 방법을 찾아보아야 한다. 제아무리 복잡한 문제도 해결책은 있게 마련이다. 실천이 가장 소중한 성공을 위한 덕목이다.

남들이 대단해 보이는 것은 그 대단해 보이는 것을 잘 모르기 때문이

가슴속에 꿈틀 대는 것을 목표치로 한계 지어
시도하지 않는다는 것은 위험을 줄일 수는 있지만
가능성을 바라 볼 시야도 같이 가져가는 것이다.

가슴속에 꿈틀 대는 것을 목표치로 한계 지어
시도하지 않는다는 것은 위험을 줄일 수는 있지만
가능성을 바라 볼 시야도 같이 가져가는 것이다.

다. 생각보다 관심을 가지고 들여다보면 별게 아닐 수도 있다. 꿈을 가졌다면 들여다보는 것부터 시작하면 된다. 다만 해냈을 때 쉬우면 자신감이 되고, 실망하지 않으면 더 할 수 있는 큰 눈을 가지게 된다.

무엇이든 생각한 것은 바로 도전한다. 할 수 있는지의 판단보다, 그것을 이루기 위해서 지금 할 수 있는 일에 집중하는 것이 더 정확한 결과이다. 도전의 의미는 성과와 상관없이 계속해야 할지 멈추어야 할지 정확한 판단요소가 되었다. 가슴속에 꿈틀대는 것에 머리로 단정 지어 버리면 현실을 인정할 수 있지만 다시금 품은 생각이 올라왔다. 도전해서 실패한 경험보다 이내 떠올라 마음을 아쉽게 하는 것이 더 받아들이기 힘들었다.

이를 통해 얻을 수 있는 것은 행동과 결과에 대한 책임이다. 우리 주변에서는 지금 하고 있는 일과 꿈이 무관하다는 이유로 도전하지 못하고, 시간과 돈을 계산하는 버릇 때문에 주저하는 사람이 있다. 이미 안 된다는 전제조건으로 꿈을 꾸기 때문에 정작 자신이 어떤 사람인지 알지 못하고 헤맨다.

가슴속에 꿈틀 대는 것을 목표치로 한계 지어 시도하지 않는다는 것은 위험을 줄일 수는 있지만 가능성을 바라 볼 시야도 같이 가져가는 것이다. 혹 넘어지면 어떻고 성과가 좋지 못하면 어떤가. 20대이기에 할 수 있는 생각이 창조로 바뀔 수 있음에도 현재의 직장과 돈벌이에 맞추어 계산하면 그 어떤 발전도 이룰 수 없다. 현실의 무게는 도전 앞에서 어떠한 변명거리도 될 수 없기 때문이다. 당신이 보낸 반복적인 하루보다 달콤한 것은 도전이다.

평생 원하는 것을 이루지 못하고 죽도록 열심히 일했다는 사실을 위안삼기에는 인생은 더 없이 소중하다. 결과는 무엇이든 행동 이후에 따라오기 마련이다. 선택에 대한 답이 결과가 좋았다면 창조로 이어진다. 실패와 성공은 답이 있는 것이 아니라 방향에 이정표가 되어준다.

* * *

당장 먹고사는 문제로 월급이 중요한 것은 백번 이해한다. 나 역시 매달 빠져나가는 각종 고정 지출이 큰 걱정거리다. 하지만 그것을 해결하기 위한 수단으로 일을 열심히 하기보다 시간을 투자해 일을 부의 가치로 바꾸는 기술을 배워야 한다. 기술이 어렵다면 취미생활은 돈 되는 취미생활이면 이왕 좋다. 재능과 수익은 성장을 이룰 수 있게 한다. 오늘의 시간은 가치로 셈한 것이 월급이라면 인생의 셈은 개발이다. 열심히 일한 결과의 하루는 아쉽게도 회사의 것이지만, 오늘 나의 꿈에 대해 실행한 것은 결과이기 때문이다.

나는 적게는 개월 단위로 목표했던 것을 이루어야 했다. 미룰수록 해야 할 일이 늘어나고 마음의 부담조차 많아진다. 현실이 주저하게 한다는 것은 주변의 우려였지, 내가 걱정할 것은 아니었다. 우려를 참고할 수는 있지만 내면에 강한 의지가 있다면 주변의 말에 흔들릴 이유도 없다. 결국 내가 자처하는 핑계일 뿐이다.

단기적인 목표는 이루는 것이지만 장기적인 목표는 되고자 하는 모습이다. 남들이 말하는 "왜?"보다 내가 스스로 하는 "왜?"라는 질문에 답할 수 있는 내가 되길 바랐고, 그 질문에 솔직히 답해왔다. 불안은 내가 감당해야 했지만 결국에 포기만 하지 않으면 모든 것은 나의 답이

옳다는 증거가 되었다.

초반에는 무엇이든 과정을 견뎌야 했다는 말이 맞았는지도 모른다. 시작점이 다른 것을 애초에 인정했기 때문에 오히려 힘들었던 순간이 더 나은 오늘이 되었다. 오늘이 힘들면 힘들수록 목표점이 실감나는 이유가 된다. 오늘 시작하지 않으면 내일은 이유만 늘어날 뿐이다.

꿈은 내 생에 최고의 발명품이어야 한다

봉산개도 우수가교^{逢山開道 遇水架橋}.

'산을 만나면 길을 트고 물을 만나면 다리를 놓는다.'는 말이다. 누구나 남보다 뛰어난 사람이 되길 원한다. 보이는 길에 앞서가는 사람은 '베스트'지만, 보이지 않는 길에 다리를 놓는 사람은 '유니크'이다. 간발의 차이로 한 번쯤 했던 생각을 빼앗기는 사람들은 얼마나 독창적인지가 아니라, 얼마나 빨리 실행하느냐의 차이다.

진로의 범주는 다양해졌지만 이것은 과다한 선택지에 불과하다. 인생을 일반적인 안정된 길로 출발하려는 것은 피해를 최소화하려는 심리이다. 그것이 빠른 길이고 현명한 길일 수 있지만 그럴수록 평범해질 확률이 높다. 평범한 만큼 뒤처지는 불안함은 너무 늦게 나타난다. 이제까지의 길을 와서 다시 생각하자니 지나온 시간이 아깝다는 생각이

　　　　　　　　　　

들면서 오늘에 만족하는 것이 현명하다고 주문을 외운다. 너나 할 것 없이 뛰어드는 자격증 쏠림현상으로 인해 필요조건임에 불구하고 가치가 낮아진다. 누구나 가지는 요소를 갖추었다면 월등할 수 있지만 특별한 사람이 될 수 없다. 어떤 식으로든 발명품은 사실을 증명해야 한다. 색다른 사고만이 발명의 성과를 보장해주는 열쇠이다.

* * *

꿈은 나를 발견하는 연속 과정이다. 직업을 찾기 위해 시작했던 것이 이제는 인생의 이유를 찾는다. 꿈의 일반적인 착각은 아직 나는 '꿈을 못 찾았다.'고 생각하거나, 꿈의 답은 빨리 정해진다는 것이다. 우리는 그 적당한 꿈이 어딘가에 있다는 생각만 할 뿐이다. 우리의 오늘이 헛걸음이 되지 않기 위해서는 스스로의 꿈을 만들어야 한다. 꿈이 없다면 적어도 '어떻게 살 것인가?'는 끊임없이 생각해야 한다.

생각이 낳은 씨앗은 신념을 무엇보다 든든하게 만들어준다. 주입식 교육에서 실패한 나는 어떻게 하면 쓸모 있는 사람이 될 수 있을지 생각했다. 적어도 남들 시선만큼의 사람이 아니라는 것을 보여주고 싶었다. 학습의 양이 적다고 해서 꼭 적은 꿈을 가지고 살아야 할 필요가 있을까라는 생각이 반기를 들었을지도 모른다. 중학교 시절 수, 우, 미, 양, 가 중에서 양과 가가 대부분이었다. 한자로 뜻을 살펴보면 양良은 '좋을 양'이다. 훌륭하다. 착하다는 뜻이고, 가可는 '가능할 가'이다. 충분한 가능성이 있다는 이야기다. 대학을 졸업하고 전공을 가졌다고 해서 모두 비슷한 삶을 살아가는 것은 아니다. 남매지간의 꿈도 저마다 다르다. 누구나 싫고 좋은 것은 분명하기 때문이다.

특허는 지금까지 없었던 발명이다. 나 혼자만 권리가 인정되니 너무 짜릿하지 않은가? 모두 조금씩 다르기 때문에 내가 원하는 것을 찾아 차별화해야 한다. 나의 꿈을 발명하기 위해서는 여섯 가지 항목을 생각해야 한다.

첫째, 발명은 내 생각에서 나와야 한다.

남들에게 받은 조언은 두려움을 방어하기 위한 안정제이지 답은 아니다. 교과서가 아닌 참고서인 셈이다. 남들이 말해 준 것으로 답을 찾으면 언젠가 막힌 길목에 다다를 것이다. 나를 제일 객관적으로 파악하기 때문에 생각의 기회에서 과감한 시도가 필요하다. 실행으로 옮겨본 사람만이 성과에 상관없이 빠른 판단력이 생긴다. 남의 요구나 기대에 답을 찾으면 결국 인생을 휘둘리게 된다. 그렇게 살기에는 인생의 지금이 너무 아깝다.

둘째, 주위에서 반기를 들더라도 증명하면 그만이다.

꿈은 커져만 가는데 현실이 그대로인 경우 현실과 이상의 차이에 격차가 생긴다. 내가 가진 생각이 일반적이지 않다고 해서, 혹은 과한 망상에 가깝다고 해서 주위에서 하는 조언들이 현실적인 말들에 인정해버리기 시작하면 도전해보지도 않고 남의 말에 인정하는 격이다. 인정의 패배는 실패보다 더 처참한 사실을 잊지 말아야 한다.

생각을 하나씩 증명할수록 이루어야 할 것들이 많았다. 꿈이 더 커질 때마다 오히려 주변에서 안정을 권했고 안 되는 가능성을 적나라하게 이야기해 주었다. 내가 바라는 것은 칭찬도 아닌 응원이었지만 모두가 나의 꿈에 있어 내 마음 같지 않다. 결국 내가 하고 싶은 말과 상대방이 듣고 싶은 이야기가, 사고가 다름으로 인해 인생을 설명하는 꼴이 되었다. 하지만 지금은 남의 말에 일일이 설명하기보다 우직하게 증명으로 답하는 쪽을 택했다.

셋째, 만인의 길에 나의 답이 있다는 보장은 없다.

모두가 하는 일에 합류해 적성이 맞지 않으면 금세 따분해진다. 다행스러운 것은 남들이 해본다고 해서 덥석 뛰어들지 않았던 점이다. 남의 꿈을 탐하기보다 현실에서 꿀 수 있는 큰 꿈을 가지는 것이 확실한 길이다. 개인적인 성향일 수 있으나 다수의 일에 생각만이 발전을 도모할 수 있다. 주어진 일이라도 딱 하는 만큼만 하는 사람이 있다.

넷째, 가만히 있는 것이 죄처럼 느껴져도 내 것이 아니면 차라리 쉬어라.

모두가 하는 일이어서 한다는 것만큼 주체성이 결여된 말은 없다. 그것은 무엇이라도 해야 하는 부지런한 모습에 위안은 될지 몰라도 불필요한 소비다. 목적을 찾으면 공부를 할 때나 쉴 때는 다 이유가 된다.

다섯째, 현실은 맞설수록 빠른 답을 준다.

생각하는 것을 최대한 빨리 하는 것이 이정표가 된다. 맞서기 싫은 최소한의 원점으로 돌아가는 것이 아니라 원점의 의지조차 감해진다. 끊임없는 질문을 통해 현실도피가 아닌 결국은 마주해야 할 문제이다. 가만히 놔둔다고 저절로 해결되는 일은 없다. 맞서다 보면 더 나은 답은 봄비처럼 항상 기다리고 있다. 어떻게 하면 더 나은 방향으로 해결할 것인지 끊임없이 생각해야 한다.

여섯째, 과거의 결심이 끝이 아니라 발전으로 만들어라.

과거에 해온 결심들이 지나고 보면 보잘 것 없고, 죽을 만큼 힘들었지만 결국에는 사소한 추억으로 자리매김하게 된다. 모든 것은 어떠한 형태로든 지나가게 되어 있다. 하지만 모든 결심은 끝에서 끝이 아니라 다음으로 이어져야지만 자연스러운 발명으로 이어진다.

하나의 선택이 지금과 다른 나를 만들어낸다. 연구원이 되기까지 거쳐야 했던 과정이 있었다. 연구를 좋아했던 만큼 집중적으로 나를 분석하면 나의 길이 내일의 꿈을 이어주는 매개체가 될 것이다. 어제와 같은 나는 재미없다.

* * *

지식의 융합을 통해 새로운 지식을 창출하는 것을 통섭이라고 한다. 이제는 다분야의 접근으로 어떻게 하면 통섭적인 사람이 될 것인지 매일 생각한다. 지금은 먹고살기 위해서 일하고 공부하는 것이라면, 언젠가는 지금 나만의 일을 통해 사회에 기여하는 꿈을 꾼다. 적어도 진실한 선행의 꿈을 가지고 발명하는 것은 더 나은 내 삶이 되어 준다. 오늘의 노력을 게을리할 수 없다. 자신의 앞날을 내다볼 수 있는 사람은 없다. 하지만 최소한 인생의 설계도는 내 손으로 그리고 지워야 한다. 이제 꾸는 만큼 이루어진다는 진리를 조금은 알 것 같다. 현실이 녹록치 않았지만 진정한 나의 모습은 지금이 아닌 미래에 있다. 꿈이 아주 거창한 것에서 발톱만큼 하찮은 것이라도 감사히 시작해야 한다. 꿈을 실행하면 할수록 웃는 날이 더 많아졌다.

우리의 오늘이 헛걸음이 되지 않기 위해서는
스스로의 꿈을 만들어야 한다.
꿈이 없다면 적어도
'어떻게 살 것인가?'는 끊임없이 생각해야 한다.

　모방은 창조의 어머니라는 말처럼 더 발전적인 내가 되기 위해서 때로는 모방도 필요하다. 단순히 가져와서는 내 것이 될 수 없기 때문에 모방에도 많은 생각이 필요하다. 인생의 답안지가 없다면 타인의 행동에서 나만의 답을 찾아야 한다. "저 사람은 어떤 생각을 가졌을까?", "어떤 다짐으로 이 자리에 왔을까?" 등 모방에서 시작할 것이면 배워야 할 것은 외형이 아니라 마음이다. 깜깜한 길목에 다다르더라도 더 나은 발전을 가져다 줄 것이다.

　확신을 가지면 내가 하는 방법이 맞지만 아직 통하는 때가 아닌 것일 뿐이다. 의심하지 말고 계속 찾아나가자. 꿈을 발견한다는 것은 여건으로 대처될 수 없는 나만의 기회이다. 이제는 나를 알아야 하고 발명해야 할 시간이다. 발명품은 많은 이들에게 귀감이 되기도 하고 본보기가 되기도 한다. 창의적인 발명품이 되기 위해서는 지금 꾸는 꿈의 크기부터 바꾸어야 한다. 정확한 원인과 결과는 최고의 발명품이 된다. 꾸는 만큼 성장할 수 있다.

4장

실패는 죄가 아니다.
그러나 시도하지 않은 것은 죄이다

왜 나는 항상 결심만 할까

결심한 것을 바로 실행한다는 것은 어렵다. 당장 눈앞에 걸림돌이 되는 것들 때문에 무마되기도 하고, 생각지도 못한 상황들이 생기기도 한다. 그러다 보면 결심했던 순간이 자연스레 우선순위에서 밀리게 된다.

결심과 재능 어떤 것이 더 어려울까? 재능이 부족해 도전과 실패를 반복하는 사람이 있다. 반면에 모든 여건이 다 갖추어져도 주어진 환경을 제대로 활용하지 못하는 사람이 있다. 결심이 부족한 사람들을 볼 때면 그들이 가진 환경이 부럽지만 그 삶은 부럽지 않았다. 재능이 조금 부족해도 이 모습이 마음에 드는 이유는 적어도 실행의 성장을 알고 있기 때문이다. 계획과 다짐은 결심을 이끄는 큰 원동력이 된다.

예를 들어 10번 도전해서 5번 실패한 사람이 있다고 하자. 이미 반은 성공했고 반은 실패한 셈이다. 그때 드는 생각은 좌절일지 몰라도, 10번

중에 5번은 성공했다는 사실만으로 큰 성과이다. 반면 결심이 부족해 도전을 주저하는 사람은 결심한 것 1번을 성공시키기 위해 많은 시간이 걸린다. 그 격차가 벌어질수록 시도를 주저할 확률마저 높아진다.

결심이 부족한 사람들은 당찬 포부를 내비치지만 그들의 기한은 언제든 또는 다음이다. 커져가는 목소리만큼 씁쓸한 이면이 보인다. 여태껏 만나온 사람들 중에서 재능이 부족하기보다 결심이 부족한 사람들이 더 제자리에 머무르는 모습을 많이 보았다. 재능이 부족한 사람은 자신의 취약점을 제대로 안다. 실패가 반복될수록 합리적인 결심을 하게 되는 것도 그들만의 비결이다.

변화를 원한다면 결심을 주도적으로 사용할 줄 알아야 한다. 생각한 것을 타인이 대신 행동하게 되면 같은 생각이라도 이끌리게 된다. 결심은 절대 타인이 이끌어주지 않는다. 결심하게 되는 순간 그것을 실행함으로써 실행의 힘은 무엇보다 강한 나의 무기가 된다. 결심한 것을 지키는 사람만이 새로운 도전을 할 수 있는 방법을 즐긴다. 결정한 것을 내 마음대로 조작하는 것만큼 자유롭고 강한 힘은 없다. 끌리지 않고 이끌게 되는 것은 스스로 변화를 조작하는 것부터 시작된다. 말만 거창하고 실현시키지 못하는 사람과 마음먹은 것은 말이 아닌 행동으로 보여주는 사람. 당연히 후자를 신뢰할 수밖에 없다.

누군가는 꿈만 꾸고 누군가는 꿈을 이루어 가는데 제일 큰 차이는 얻고자 하는 노력의 차이이다. 핑계만큼 큰 걸림돌은 없다. 누군가는 현실에서 할 수 없다고 말한다. 접근조차 하지 못하는 계획을 미뤄버리면 언젠가에는 어떻게 이룰 수 있다는 말인가?

＊ ＊ ＊

새해 다짐에서 꼭 스스로와 주먹다짐을 한다.

'올해는 합격할 거야, 부자 될 거야, 독서를 할 거야.'

가장 많이 결심하는 것도 새해이고, 가장 빨리 포기하는 것도 새해이다. 현실과 타협하듯이 반짝이는 꿈만 안은 채 언제 그랬냐는 듯이 현실과 타협한다. 그렇게 마음 한편의 서랍에 남겨둔다. 남들의 성공에만 할 말이 많고, 자신의 미래에는 딱히 할 말이 없는 사람들이 있다. 환경이 나쁘다고 말하는 사람들은 결심하기가 하늘의 별따기처럼 힘들다. 생각을 외면하는 것이다. '에라 모르겠다.'라는 말로 당장은 편안할지 몰라도 이 마음들이 내면을 도전을 멀어지게 하는 행위이다. 시간이 지나면 어떤 일을 시작도 하기 전에 포기하는 것은 습관이 되어버리는 것이다. 결심의 순간에 포기보다 생각하는 시간으로 방법을 찾아야 한다. 당장 하는 결정이 아니지만 적어도 마음먹은 만큼의 반응에는 솔직해야 한다. 그것이 실패해도 괜찮은 실행이다.

＊ ＊ ＊

나의 친구 유민은 2009년 영국으로 10개월간 유학을 다녀왔다. 대학 시절 가장 근본적인 이유는 집을 떠나고 싶었다고 한다. 해리포터의 나라 영국, 책을 통해서 보던 세상이 가상의 세계이지만 그 나라는 어떤 나라일까 궁금해했다. 그 당시 미국으로 유학을 많이 갔지만 영국을 가는 사람이 별로 없었다고 이야기한다.

갈 수 있는 방법을 2년 동안 찾았다. 무시하지 못할 가장 큰 문제는 경제 상황이었다. 집에서 보내줄 여력이 안 된 것이다. 자원봉사라도 하겠다는 결심을 가졌다. 자원봉사 지원을 1년 반 정도 알아보다가 지원했는데 아니나 다를까 유민만 떨어졌다. 같은 학교 같은 학번 친구는 되고 자기는 떨어져서 이유를 물었다. 지원한 곳에 이유를 물으니 답변은 "영어를 못 해서"이다. 속상한 마음에 펑펑 울었다.

떠나야 했던 시기에 떠나지 못해서 계획한 휴학을 할 수 없었다. 다음 학기를 다니면서 방법을 찾았다. 물론 경제적인 문제 때문에 뾰족한 방법이 보이지 않았다. 부모님께 이야기를 했지만 엄마의 의견은 학교를 다니는 것이다. 꿈을 지지해 주지 않는 현실이 싫었다. 엄마가 지원을 해주겠다고 이야기했지만 크게 도와줄 부분이 없었음은 스스로 알고 있었다.

언어연수로 돌려 유학업체와 학원을 알아봤는데 비자를 받아야 했다. 통장에 잔고는 이천만 원이 있어야 했지만 집에서 보태줄 형편이 되지 않은 것이 속상했다. 그날 친구와 이야기하면서 속상함을 토로했다.

"또 유학을 못 가게 생겼다. 나는 운이 없는가 보다."

그 친구를 저녁에 도서관에서 만났는데 조용히 구석으로 데리고 갔다. 기분 나빠할까 봐 조심히 꺼낸 이야기는 친구가 부모님께 전화를 걸었다는 것이다. 유민의 딱한 사정을 듣고 친구의 어머니는 한 번도 유민을 보지 못했지만 이천만 원을 빌려주어 통장에 잔고로 가지고 있도록 허락했다. 그때의 기억은 가장 소중한 시간으로 남는다며 그 시절을 떠올렸다.

* * *

나폴레옹은 굳은 결심은 가장 유용한 지식이라고 이야기한다. 우리는 종종 '내일'의 함정에 빠지기도 한다. 스스로 그럴듯한 이유를 만들면서 내일로 합리화시키는 것이다. '내일 해야지.'는 '오늘은 안 할 것이다.'라는 말이다. 아무것도 안 한다는 것도 스스로 한 선택이다. 그리고 자신이 포기한 것을 마치 잃었다고 생각하는 사람들이 있다.

능력 있는 사람들은 결심하는 것을 바로 하는 추진력이 있다. 특히나 경영하는 사람들은 생각하는 것을 바로 추진한다. 어떻게 결심을 했는지 중요한 것이 아니라 결심은 당연한 비즈니스 수단이다. 우리는 급히 일이 생기면 대출을 받는다. 하지만 대출을 받기까지 나의 상황을 심사받아야 하고 여부를 판단하는 시간이 걸린다. 부자가 되는 사람은 일부로 빚을 져서 현금을 확보한다. 투자할 때 돈을 준비하려면 시간이 걸리기 때문이다. 그 시간이라도 줄이기 위해서는 이자를 내고서라도 미리 준비하는 것이 나은 선택이라 생각한다. 마음먹은 것은 바로 실행한다. 평균적인 손해가 늘어나는 것은 사실이지만 부자들의 생각은 실행한 후에 확보하는 것조차 손해라는 생각이다.

결심이 바로 성과이기 때문에 바로 하는 사람, 바빴다고 말하는 사람일수록 시간이 모자라다는 느낌은 절대적이다. 결심을 실행하는 것만으로 24시간을 사용하는 성과가 달라질 것이다.

* * *

자신의 삶에 회의를 느끼면서 아무런 상황도 변화시키지 않는 것이 제일 안타깝다. 조금 나은 결심의 변화는 다른 사람의 생각을 읽어보는 것만으로 큰 무기가 될 수 있다. 나는 원래 잘난 사람보다 성공을 스스로 이룬 사람들에게 자극을 많이 받는다. 그들은 분명 부족했고 결핍했기 때문이다. 하지만 그들은 자신의 모습을 가치로 환산할 줄 아는 사람이다.

내가 책을 쓰기로 결심한 이유도 결심한 것을 빨리 이루기 위해서였다. 결심을 하게 되면 걱정이 앞서서일까 나의 지금을 생각해본다.

'성공한 사람도 아닌데 사람들이 내 이야기를 들어줄까?', '얼마나 공감해줄까?', '조금 더 성공했을 때 내 이야기를 들려줄까?', '해야 할 공부가 산더미처럼 쌓여 있는데?' 등 많은 생각이 들었지만 답은 하나다. 지금까지 나는 원래 작가의 길로 갈 수 있는 사람이 아니었다. 하지만 매일 했던 결심을 행함으로써 더 넓은 시야를 가질 수 있는 것은 자명하다. 생각을 세상에 공유해야 할 때는 바로 지금이다. 시간과 돈을 조절하면 조금 더 편중된 길이 아닌 균형적인 삶을 살게 되는 것이다.

   / 나답게 뜨겁게 화려하게

실패와 시도는 동의어다

　일을 잘하는 사람을 능력 있는 사람으로 평가한다. 능력은 주어진 시간에 대처 능력과 성과에 따라 나타난다. 능력은 자기 판단이 빠르거나, 주어진 일을 반복적으로 했을 때 얻을 수 있다. 하지만 능력 있는 모든 사람이 열의가 있는 것은 아니다. 업무를 반복적으로 했다는 말은 그만큼의 시간을 투자했다는 이야기다. 시간에 대한 보상을 알 수 있다.

　하지만 능력 있는 사람이 열의가 없다면 상황은 달라진다. 그들은 단순히 '그 일을 끝내면 된다.'라고 생각하기 때문에 해야 할 일에서 더 나아가지 못한다. 그들이 원하는 것은 빠른 일처리와 동시에 휴식이다. 다음으로 업무에 대하여 능력 있는 사람이 열정을 가지면 사고를 전환할 수 있다. 사고를 전환하는 과정에서 능력과 열정이 이끄는 과정에 실패는 당연한 것이다. 모든 것이 나를 성장하게 하기 위한 과정이기 때문이다.

그렇다면 성공의 반대말은 무엇일까? 성공의 반대말은 실패도 있지만 무기력이기도 하다. 시도조차 하지 않으면 두려움만 쌓여 도전조차 하지 못하게 되는 것이다. 실패라고 무조건 나쁜 것일까?

나 역시 크고 작은 꿈이 있다. 그 길이 하나로 이어지는 길이 되지는 않는다. 성공하는 사람이 자꾸 사업을 늘이고 성장하는 것처럼 하나라도 시도하고 실패해야 다음을 계획할 수 있음은 분명하다

＊ ＊ ＊

우리 사회는 상류층, 중산층, 소시민층, 빈민층이 있다고 하면 나는 소시민층이었다. 누구의 도움이 필요하지는 않았지만 한 달을 살기에도 고민이 많았기 때문이다. 대학원 다닐 당시에 수입은 대학원에서 나오는 일정 소액이 전부였으며 배움을 가치로 환산해야 했다.

돈벌이가 넉넉하지 못했기에 등록금과 생활비와 고정 지출은 매달 해결하고 고민하는 것을 반복해야 했다. 대학원을 졸업할 즈음에 사회에 나가더라도 일정 가치투자를 해야 하는 것을 잘 알고 있었기에 배움과 돈은 늘 실과 바늘처럼 따라다녔다.

단순히 돈을 벌 수 있는 일을 찾아보았고 한참 팝아트 그림이 유행했을 적 인물 초상화를 캔버스에 그려 판매해보고자 했다. 첫 번째 이유는 돈이 벌고 싶었기 때문이고 두 번째는 같은 팝아트 초상화라도 나만의 기법으로 그렸기 때문에 자신감이 있었다. 사업 수완이 없었기 때문에 드는 비용과 시간과 나의 가치를 돈으로 매길 수 없어서 '얼마 정도면 구매를 할까?' 하고 구매자의 시선으로 생각했다.

　　　　　　　　　　　　　/ 나답게 뜨겁게 화려하게

유행하는 당시 빨리 시작했지만 본격적으로 사업자 등록을 해서 판매하는 업자들이 늘어나면서 단순히 그려서 판매하는 것이 아니라는 시장의 흐름을 알게 되었다. 홍보의 비용과 들여야 하는 시간이 늘어나면서 단순히 돈을 버는 것이 아닌 진짜 일이 되어 버린 것이다.

그 비슷한 무렵쯤 대학 선배가 모교 앞에 커피숍을 차렸다. 그 당시에 했던 생각은 학비를 위해 쉽게 돈을 벌 수 있는 소일거리를 계속 생각했다. 가게의 일부 공간을 임대했다. 도매 거래처에서 옷을 소량으로 떼서 팔았다. '적당히 돈을 벌어야겠다.', '쉽게 벌어 용돈 해야겠다.'라는 생각은 절대적이었지만 그렇다고 해서 적당히 일할 수 있는 시스템은 없었다. 무엇을 하더라도 경쟁력이 필요했고 나보다 일에 올인하는 사람들이 많았기 때문에 안 되는 게임이었다. 그 당연한 논리를 해봐야 깨닫는 대학원생이었다.

그림을 계속 판매해야 했고, 옷을 팔기에는 여느 옷가게처럼 절대적인 홍보시간과 비용이 필요했다. 알아서 저절로 버는 시스템치고는 세상은 절대 그럴 리 없었다. 소일거리와 작은 용돈을 바란다고 딱 그만큼 벌 수 없었다. 팝아트 액자와 옷 사업은 접어야 했다.

도전을 했기 때문에 내 생각이 얼마나 무모한지 알 수 있었고, 소소한 용돈벌이는 생각보다 쉬운 일이 아니라 모든 일에는 많은 과정을 기반으로 차별화가 있어야 한다는 것을 알게 되었다. 그와 동시에 잘하는 것이 연구이고 재미있는 일도 연구인지 깨달았다. 돈을 벌기 위해서 시도했던 것들이 돈과 시간을 모두 앗아갔다.

대학원을 졸업할 당시에도 학점이 4.3점 만점에 4.15점을 받았다.

2년 과정에서 1년을 마친 겨울방학에 논문을 투고했다. 연구실 내에서는 부지런하고 열심인 학생이었다. 졸업의 시기가 다가왔다. 졸업을 하기 위해서는 필요 요건으로 학점 이수, 논문, 영어 성적이 필요했는데 영어 성적을 제출하지 못했다. 결국 정해놓은 기준을 통과하지 못해 1학기 늦게 졸업하게 되었다. 그동안 남들이 다하는 스펙이라는 영어 공부를 시작해 졸업할 수 있었다.

모든 실패는 이유를 수반한다. 실패의 이유에서 현재의 나를 파악할 수 있다. 하지만 안전정인 길을 걸어오다가 단번에 큰 산을 넘을 때 넘어지는 것처럼 나에게 필요했던 경계심이라는 자극이 상기되었다. 그때 위험했던 것은 막상 하면 '잘되겠지.'라는 안일한 생각이다.

한 학기를 수료생으로 보내면서 다행히 졸업 이전에 취업은 하였지만 모든 일에 실패할 수도 있다는 생각이 든다. 남들과 같은 노력으로는 엎어질 수도 있다는 생각이 든다. 소일거리를 찾는 순간에도 전체 시장을 보지 않고 나만의 생각으로 성공하려거나, 제때 졸업을 하지 못했다는 실패감에 쌓이면 부담감에 시달렸을 것이다. 하루 종일 비효율적인 생각에 갇히거나, 공부는 안 하고 불안함에 아무것도 하지 않아도 피로감만 계속 쌓여가면서 피폐적인 생각을 했을지도 모른다.

그럼에도 내가 완벽하지 않아서, 혹은 모든 것을 다 잘할 수 없음을 알기에 현실의 끝에 몰아세우지 않았다. 모든 실패를 경험하고 나니 시작하기 전의 실패에도 상처받지 않고 오히려 조언을 해줄 수 있는 값진 경험이 되었다. 모든 것의 실패 뒤에는 배움이 있다. 실패해도 배울 수 있기 때문에 후회보다는 성장을 향해 달려가는 것이 바람직하다. 도전을 주저하기에는 인생은 너무 짧기 때문이다. 실패는 죄가 아니다.
그러나 시도하지 않은 것은 죄다.

* * *

멕시코 고원에서 과수원을 운영하는 제임스는 매년 사과를 수확하
면 고객과 직거래를 하였다. 어느 해 겨울 우박이 떨어진 탓에 사과 모
두가 상처투성이가 되었다. 한해의 농사가 실패로 돌아갔지만 그가 맛
을 본 사과는 어느 때보다 달고 아삭했다. 그는 사과를 주문한 고객에
게 메모를 남겼다.

보내드리는 이 사과 표면에 있는 까만 점들을 잘 보아주십시오. 이것은
우박을 맞은 자국입니다. 이 사과가 뉴멕시코 고원지대에서 생산되었다
는 확실한 증거입니다. 높은 산에서는 가끔 결정적 순간에 기온이 급강
하고 그 때문에 사과의 속살이 꼭 조여져서 고냉지^{高冷地} 재배 특유의
놀라운 맛과 향을 만들어내는 것입니다. 이 단단하게 조여진 고냉지 사
과 특유의 맛과 향을 아무쪼록 상미^{賞味}하여 주시기 바랍니다.'
— 제임스 웹 영

그 결과 버려져야 했던 사과는 고객들에게 호평을 얻었다. 이 농부는
세계 최초 통신판매를 생각해 낸 광고의 아버지 제임스 웹 영<sup>James Web
Young</sup>이다. 오늘날 전자 상거래^{e-Commerce}가 있기까지 원초적인 실패는
천지재변에 의한 실패였지만, 파산의 위기를 모면할 수 있었던 것은 실
패를 해결하는 방법이었음을 기억해야 한다.

"실수를 해보지 않은 사람은 한 번도 새로운 일을 시도해보지 않았던 사람이다."라고 말하는 아이슈타인의 이야기처럼 우리는 실패 속에서 대처방법을 찾으면 진정으로 원하는 것이 무엇인지 알게 될 것이다. 실패는 여건과 환경에 우회적인 것이지 절망적인 것이 아니다. 실패를 두려워한다면 실패란 이름 때문에 더는 앞서 나가지 못할 것이다.

실패가 쌓여야 실력이 는다

유수의 회사에서 해외 및 국내 체인사업 러브콜을 보내고 있는 음식점 창업계의 명장 '권세윤 명장'이 있다. 지금은 상위 0.5%에 달하는 국내 매출을 기록하는 그는 어떻게 성공을 이루었을까?

그는 요식을 전공한 사람이 아니다. 대학을 자퇴한 3수 공대생에 불과했다. 고등학교에 다닐 때는 오토바이 폭주족으로, 혹은 찹쌀떡 판매를 스스로 자처하며 남다른 10대를 보냈다. 삶은 도전적이었지만 희망적이지 않았던 그는 음식점을 4번 실패한 어머니를 보며 음식점으로 '성공해야겠다.'는 다짐과 함께 대학을 자퇴했다.

공대생인 그가 음식점 CEO가 되기 위해서 먼저 도전한 것은 영업이다. 요리를 해본 적이 없으니 음식점 운영에 필요한 영업을 실천한 것도 새로운 역발상이다. 전국 영업챔피언을 목표로 하루 5분만 쉬면서 지독한 카드영업을 시작했다. 사람들을 만나면서 이해관계를 알아 가면서 영업의 플러스능력을 꾸준히 향상시켰다. 그의 최종목표는 음식점이지만 기초적인 영업을 시작으로 챔피언을 달성했다. 이는 현업에 일하는 직원들에도 큰 귀감이 된 전설적인 이야기다.

그의 삶에는 쉼이란 없었다. 목표가 분명했고 성공을 이루어야 했기 때문이다. 요리 경력이 없었으므로 관련 책읽기와 연습으로 반복했다. 음식과 관련하여 읽은 책만 약 400여 권에 달한다고 한다. 그리고 음식점을 1,000여 곳을 방문하여 성공과 실패의 여부를 끊임없이 분석했다. 1년에 휴무라곤 단 하루도 없을 만큼 하루 16시간을 음식점에서 보내면서 스스로를 단련시켰다.

현재 부산광역시 화명동 '황금마늘보쌈'을 운영 중이며 사업을 점점 확대시키고 있다. 보쌈 삶는 연습은 하루 영업일과가 끝난 다음부터 시작되었다. 물론 늘 즐거운 마음으로 시작하는 것은 아니다. 때로는 절망하며 육수를 다 부어버리기도 하고, 고기를 발로 차며 집어 던지는 날도 많았다. 지금도 퇴근하면 삶는 연습을 빠지지 않는 것은 '명장'이라는 수식의 증거이다. 그의 저서 '식당으로 대박 내는 법'을 참고하면 그가 지나온 시간을 엿볼 수 있다.

모든 조건이 갖추어지지 않았다고 실현되지 않는 것은 없다. 우리의 행동은 마음에 따라 달라지기 때문이다. 배운 게 없었기에 스스로 배웠다. 정규과정이 없어도 스스로 일구어낸 사람만이 진짜 의미를 알고 꾸준히 도전할 수 있다. 그 속에서 목표는 자꾸 선명해지기 때문이다. 그 꿈을 키우기 위해서는 스스로의 다짐이 필요하다. 어떤 목표를 위해 이

                                    / 나답게 뜨겁게 화려하게

일을 하는지는 성과에서도 큰 차이를 보인다.

* * *

이처럼 꿈을 수반하는 실패는 과정의 연장선이다. 그 실패로 인해 포기하지 않으면 작은 성공 속에서 지속과 발전의 방향이 보일 것이다. 나폴레온 힐의 성공에 법칙에서는 실패의 좌절에 관하여 이렇게 이야기한다.

"좌절은 오직 사람들이 이것을 실패로 인정하는 순간에만 파괴적인 힘을 낸다. 반대로 그 뒤에 숨겨진 교훈을 얻어내는 사람에게는 축복으로 변한다."

실수를 한다고 위태로운 순간은 없다. 다만 좌절을 감당할 수 없다는 두려움이 크지만 실패를 외면하면 삶의 결과는 모든 것이 제약이 될 것이다. 실수를 안 하고 무조건 순응하는 우리의 오늘이 창조성을 방해한다. 끊임없이 실패를 하면서 우리는 미래를 준비할 수도 있고 대비할 수도 있다.

끊임없는 실패와 관련하여 살토 모르탈레!Salto Mortale는 이탈리아어로 '결사적인 점프'로 해석할 수 있다. 개구리 점프를 생각해보라. 한번은 움츠려야 높이 뛸 수 있는 것처럼 돌진만이 능사가 아님을 알 수 있다. 사람과 마찬가지로 제품의 경우도 그렇다. 신제품이 나오면 혁신이 이루어지기까지 처음은 실패작일 가능성이 많다. 하지만 개선된 버전이 꾸준히 출시되기 때문에 발전적인 혁신이 되는 것이다. 초기에 실패와 비난은 사람도 제품도 마찬가지이다. 실제 신제품의 경우 리뷰에 비난이 많은 것은 더 나은 방향의 발전을 제시해 주기도 한다.

* * *

모든 것에는 배움의 단계가 있다. 가져야 할 마음은 확신과 다짐과 자부심이면 충분하다. 항상 무엇이든 마음먹은 대로 이루기 어려울 때에는 오만한 자부심과 확신이 든든한 버팀목이 되어 줄 것이다. 실패를 빠르게 쌓으면 빨리 도달할 수 있다.

소설을 쓰고 싶다면 오늘의 일기부터 써야 한다. 건축가가 되고 싶으면 집의 공간부터 파악해야 한다. 암벽을 등반하고 싶으면 뒷산부터 걸어야 한다. 잘하는 일만 하게 되면 그 일만 하려 하고 다른 일은 쉽게 도전하려 하지 않는다. 하지만 지금 하고 있는 일 이외에 모든 분야는 초보자라는 이름이 있다. 호기심만 있다면 시작할 수 있고 배울 수 있다. 우리는 전문가가 아니기 때문에 실패할 수 있다는 것이다. 전문가가 되려면 이 모든 과정은 빠르게 지나는 것이 시간을 단축하는 방법이다.

전 뉴욕 시장 마이클 블룸버그는 '과감하고 빠르게 실패하라.'고 조언한다. 성공하는 사람들은 빠르게 실패하는 것을 두려워하지 않는다. 최대한 빨리 '실패를 없애버릴 수 있는 가장 좋은 방법'이기 때문이다.

실패의 명언들을 새기고 오늘도 달려야 한다.

준비에 실패하는 것이 실패를 준비하는 것이다. ― 벤저민 프랭클린

실패를 걱정하지 말고 부지런히 목표를 노력하라. ― 노먼 빈센트 필

성공을 원한다면 실패를 인정하고 실패에서 배우는 자세를 가져야 한다.

― 마윈

아름다운 인생일수록 실패가 넘친다. — 김미경

실패는 인생의 영양제이고, 좌절은 진보의 기반이다. — 자오위핑

실패한 곳으로 돌아가고, 성공한 곳은 떠나라. — 니코스 카잔차키스

인간은 재주가 없어서라기보다는 목적이 없어서 실패한다. — 빌리 선데이

실패하면 실망할지 모른다. 그러나 시도하지 않은 것은 불행한 삶이다.
— 비벌리 실스

나는 실패하지 않았다. 다만 효과가 없는 만 가지 방법을 발견했을 뿐이다.
— 토마스 에디슨

실패했던 일들이 후회로 남는 것이 아니라 시도하지 않은 것만이 후회
로 남는다. — 바보 빅터

혹시 실패가 두려워 반복되는 쳇바퀴만 도는 일상은 아닌지, 잘하는
일만 꾸준히 앞세워 하고 있는 것은 아닌지 생각해 보자. 알고 있는 지
식 내에서만 사고와 결정이 이루어지거나 계획에 없는 일을 대비하지
못한다면 당신은 이미 실패가 주는 두려움에서 벗어나지 못했다는 이
야기이다. 시작만이 초보자의 걸음마를 뗄 수 있게 한다. 지금 못 한다
고 해서 나중까지 못 하지 않는다. 실행과 실패에 답이 있다.

모든 것에는 배움의 단계가 있다.
가져야 할 마음은 확신과 다짐과 자부심이면 충분하다.
항상 무엇이든 마음먹은 대로 이루기 어려울 때에는
오만한 자부심과 확신이 든든한 버팀목이 되어 줄 것이다.

성공과 실패, 결국 면역력이다

우리가 흔히 하는, 주저앉는다는 생각에는 어떤 함정이 있을까?

나는 지방대여서 안 돼

대부분의 친구들은 여전히 자신은 안 된다는 사고에 갇혀 있다. 나는 지방대여서 안 돼, 현실을 수없이 늘어놓으면서 된다, 안 된다는 답만 있을 뿐 중간과정이 없다. 단순히 이분법적인 사고로 안 된다고 하기보다 '지방대여서 부족하긴 하지만 이것이 나를 결정짓진 않아. 더 나은 길이 분명히 있어.'라는 현실에서 긍정을 바라보는 시선이 필요하다.

나는 재능이 없어

새해를 맞이해서 수영을 한 달 끊고 하루 결석을 했다면, 다음 날 뒤처지는 기분이 싫은 마음에 결석이 반복된다. 조그만 행위 하나에 큰 의미를 부여해서 나중에는 수영에 재능이 없다는 결론을 내리는 것 또한 한 번의 실패로 도전하지 않게 되는 나쁜 습관이 되는 것이다.

어떤 이는 성공학 책은 읽지 마라는 사고를 가지기도 했다. 그들은 그들 이야기일 뿐 희망을 이야기하지만 그들과 나는 본질적으로 다르다는 사고다. 그렇기 때문에 어차피 날고 기어봤자 세상은 알아주지 않는다는 생각이 지배적이다.

그런 사고는 당연히 자신의 발전을 바랄 수는 없다. 자신의 고민을 주저하는 이유는 하나같이 자신의 처지를 한탄하다. "난 왜 이럴까?"라는 말은 지금의 자신이 충분히 불만족스럽다는 명확한 답이다. 또 도전에 관해 논하면 하나부터 열까지 안 되는 이유를 늘어놓는 것에 대한 현실만 이야기하고 미래에 되는 법을 고민하지도 않은 채 스스로 합리화시키는 격이다.

세상은 어차피 나 같은 건 알아주지도 않아

불만족스러운 상황이 계속된다는 것을 알면서 막연한 사실이 제일 겁이 난다. 현실을 수용하기 위해 하루를 살면서 인생이 바뀌지 않는다는 것은 명확한 진리이다. 현실이 왜 이럴까를 백번 고민하면 원인밖에 못 찾는다. 이런 현실을 정확히 파악하는 '왜'라는 질문을 명확히 이해했다면 이제는 지금 현실에서 할 수 있는 일이 무엇인지 생각해야 한다. 오지 않기를 바랐던 '인생의 불황'이 오늘이 현실로 바뀌고 있기 때문이다. 바라지 않는다고 오는 것은 인생이 아니다.

적어도 나는 지방대였기 때문에 남들과 견주기에 지지 않는 무언가가 절실히 필요했다. 지방대는 지방대처럼 살아야 한다고 정해놓은 법은 없다. "지방대이지만 꾸준히 하는 노력이 있고 호기심으로 생각하는 눈이 있다."는 현재의 상황에서 긍정만을 생각해야 한다.

재능이 없다는 것은 중요하지 않다. 물론 재능이 없을 수도 있다. 하지만 그 재능은 해본 일에 명확한 사실을 근거해야 한다. 흥미를 잃었다거나, 호기심에 시작했지만 생각만큼 재미가 없다거나, 남들보다 성과가 좋지 않을 때 재능이 없을 수 있다. 하지만 우리는 모든 것에 재능이 다 맞아야 할 필요는 없다. 재능이 없는 것도 경험이고 또 다른 재능에 도전하면 된다. 다만 두세 번의 실패로 성급히 안 된다는 결정을 내리지 않기를 바란다. 재능의 답은 스스로가 명확하지 않은 이상 조금 더 도전해도 충분하다.

어차피 세상은 나 같은 건 절대 알아주지 않는다. 당연하다. 잘하는 게 무엇이며, 타인에게 관심받을 어떠한 성공조차 이루어내지 못했으면서 알아주길 바란다면 제대로 큰 오산이다. 하지만 모두가 결핍하기 때문에 가능성이 있다. 누군가 알아주길 바라며 주위에 성공한 사람들을 비교하면 절대 따라갈 수 없다. 다만 어제의 나와 비교했을 때 오늘이 더 나았다면, 내일은 더 큰 계획을 세울 수 있고 이룰 수 있다. 꿈은 항상 미래에 있었지만 그 미래를 위해서 오늘을 잘 보내야 했다. 매일이 그랬다. 이 당연한 사실을 사람들은 간과하고 타인과 비교하며 자신을 한없이 작게 만든다.

난 왜 이럴까?

오늘을 행복하다고 말하는 이는 지극히 드물다. 오늘 회사에서 있었던 일이, 심심한 오늘이, 늘 모자란 월급을 생각하면 한숨부터 나온다. 이 모든 게 공통분모가 되어 친구들과 수다를 떨다가 공감을 하면서도 씁쓸한 마음은 감출 수 없다. 오늘의 월세를, 생활비를 고민하는 것, 이 모든 것은 자신이 자처한 결과임을 알아야 한다.

이제야 후회가 되는 것은 막연한 기대로 달려왔었던 것이 제일 컸다. 현실에 대한 생각보다 이상에 대한 것이 너무 커서 열심히 살다 보면 좋은날이 올 줄 알았다. 물론 좋은 길로 가고 있지만, 현실적인 눈이 낮아진 것은 사실이다.

하지만 내가 친구들과 이러한 문제로 고민을 하다 보면 실수하고 뒤늦게 깨달은 나에 대한 자책일지 모른다. 하지만 이렇게 무지한 경험을 통해 조금 더 명확하게 배웠다는 것에서 미래를 이야기하고 실천하면 같은 주제이지만 의미 있는 대화가 된다. 주안점을 미래로 두는 것과 어떻게 바꿀 것인지 다음 단계를 생각해봐야 한다. 명백한 실수는 '무조건 잘될 거야.'라는 안일하고 무서운 생각이었다.

배우지 않은 이유는 명확하다

유난히 핑계거리가 많은 이들이 있다. 남들의 성공엔 관대하면서 자신의 의지엔 관대하지 못하다. 현실에 개입하다 보면 당연히 안 될 수밖에 없다. 나는 학자금 대출 때문에 빚을 갚아야 했지만 공부를 더 했고, 그랬기 때문에 다른 곳에 여유 둘 게 없었다. 사람들이 흔히 빚을

　　　　　　　　　　　　　　/ 나답게 뜨겁게 화려하게

내는 이유는 필요에 의해서이다. 예전에 지인은 가장 많은 지출이 무엇이냐고 물었다. 나는 "자기계발이오."라고 대답했다. 실제로 그랬다. 배우는 돈이 제일 많이 들어갔기 때문에 다른 곳에서 최소화해야 했다. 지금의 패턴은 비슷하다. 일정 수입이 있으면 지출도 대략적으로 패턴을 보인다. 같은 빚을 내더라도 어떤 이는 자기계발에, 어떤 이는 명품백을 사야 한다. 과소비인 것을 알지만 '지금' 해야 하기 때문이다. 외적인 투자에는 꼭 '지금'이어야 하면서 내적인 소양은 '나중'이면 나중에 더 마음먹기 어려운 것은 내적인 투자일 것이다.

피해갈 수 없다면 자신 없는 일은 최대한 나중에 맞이하자

불행히도 경제는 나날이 어려워지면서 열심히 살아도 어려운 시대가 오고야 말았다. 현실이 두려운 만큼 초라한 자신도 잘 아는 사람일수록 실패를 두려워할 가능성이 크다. 자신이 좋아하는 일을 당장 하기는 쉽지만 어려운 일이라고 하여 이를 미룬다면 악순환만 반복될 뿐이다. 좋아하는 일과 어려운 일 중에 자신이 어려워하는 일을 조금이라도 시작하는 것에 더 큰 의미가 숨어 있다.

내가 세운 계획을 하나씩 성취할 때마다 도전이 쉬워졌고 즐거워졌다. 확률적으로도 계획 성취의 시간을 앞당겼다. 일주일에 2번, 1시간씩 점심시간에 요가를 한다. 일주일에 투자하는 시간은 2시간밖에 안되지만 유일하게 온전히 나에게 집중할 수 있는 시간이다. 잔근육이 많이 필요한 고난이도 자세를 할 때도 하루가 다르게 조금씩 늘어가는 것을 몸으로 느낀다. 회사 업무상 빠져야 할 때도 있지만 그렇다고 해서 아예 끊을 수 없는 이유는 그 일주일의 두 시간조차 하지 않으면 몸의 균형은 더 잡기 어렵기 때문이다.

* * *

성공과 실패라는 것은 당장 나타나기보다 서서히 드러나는 것이다. 로또에 당첨된 사람들은 당장의 성공일지 모르지만 그것을 활용할 안목이 없으면 한순간에 패가망신으로 가는 지름길이 되기도 한다. 어떻게 쓰느냐에 따라 삶이 윤택해지거나 피폐해지는 것처럼 어떠한 상황에도 성공과 실패 사이를 선택하는 것이 중요하다.

오늘 하루 속에 성공으로 가는 선택을 했는가? 성공과 실패에 대한 단어를 잠재적으로 생각한 당신이라면, 오늘 했던 일과 생각이 당장의 성공을 보장해주진 못하지만 성공으로 가는 걸음을 걷고 있음을 기억하자. 매 순간 간절히 바라는 마음이 모이면 오늘 하루는 성장이라는 이름으로 가속페달이 될 것이다.

시련은 성공으로 가는 과정이다

대학교 졸업과 동시에 학자금의 빚을 안고 사회 초년생이 되었다. 인테리어를 전공한 나는 빨리 멋진 디자이너가 되고 싶었다. 학교를 졸업하기도 전에 취업을 한 덕분에 열심히 계산기를 열심히 두드렸다. 그러면서 나에게 세 가지 목표가 생겼다. 2년 동안 실무를 열심히 해서 멋진 디자이너가 되는 것, 2년 동안 모든 학자금의 빚을 상환하는 것, 이후에 대학원에 진학하는 것이었다.

대학교 시절 공모전 수상과 3등으로 졸업하면서 많이 안다는 멍청한 착각은 회사에서 일하면서 산산이 부서졌다. 학교에서 배운 이론과 실무에서 필요한 것은 전혀 다르다는 것이었다. 실무에서는 전문대를 나와 이미 업무가 훨씬 능숙한 후배가 있었고, 학교에서 열심히 창작을 해서 예술처럼 작품 활동을 했지만 현실은 디자인도 스펙이었다. 단가라는 틀에 맞춰야 했고 그 안에서 최고의 디자인을 하자니 괜히 시공하는 현장 팀의 눈치를 보게 된 것이다. 하지만 내가 알아야 더 많은 공부를 할 수 있다는 생각에 다행히 부모님의 집에서 회사생활을 하게 된 나는 120만 원의 월급에 세금을 제하면 110만 원을 받으면서 100만 원 학자금을 상환했다. 지금 생각하면 현실성이 없었어도 그때는 그 길만이 내가 꿈으로 달려가는 길이었다.

대학을 졸업하고, 직장인이 되고, 대학원생이 되고, 또다시 직장인이 되었지만 꽤 계획적인 나는 뭐든 졸업 이전에 취업이 해결되었다. 적은 나이에 비교적 꾸준히 달려왔지만 나의 계획만으로 안 되었던 6개월 '백수 시절'이 있었다.

* * *

부모님은 쉬는 날도 없이 자정까지 자영업을 하셨다. 내가 알고 있는 아버지는 매일 드시던 약이 있었는데 너무나도 당연히 매일 드셨고 부모님은 우리 남매에게 알려주지 않았다. 그저 평생 먹어야 되지만 생명엔 지장이 없는 약 정도로만 알았다.

서울에 대형병원을 다녀오시더니 아빠가 간경화인 것을 알게 되었다. 복수가 차올랐고 당장 간이식을 해야 아빠가 살 수 있다고 했다. 나의 회사생활 2년의 목표에서 1년 8개월이 남짓 지난 시점이다. 6개월 정도만 경력을 채워서 멋지게 대학원에 가야겠다는 목표는 중요하지 않게 되었다. 나는 아직 결혼식장에 들어갈 때 아빠가 필요했고, 나중에 가정을 이루어서도 아빠가 필요했다. 그런데 부모 마음이라는 것이 이식을 해야 하면 자식 누군가에겐 짐이 되는 부담감 때문에 아빠는 장기기증센터에 예약을 걸어 놓고 기다려보자고 했다.

간 이식 일치여부 검사만 하더라도 검사비용이 1인당 수백만 원씩 들어갔다. 우선 장남인 오빠가 적합성 검사를 위해 받았지만 지방간 때문에 수술이 어렵다고 했다. 쌍둥이인 나는 언니와 함께 둘이 손잡고 적합성 검사를 받으러 갔다. 누가 되든 상관없었다. 차라리 내가 되는 게 마음이 편하다고 생각했고 둘 다 같은 마음이었을 것이다.

검사를 받고 일치여부가 나왔다. 언니가 적합하고 나는 비적합으로 나온 것이다. 삼 남매 중에 한 사람이라도 일치해서 아빠를 살릴 수 있다는 생각에 수술날짜를 잡고 이제 본격적인 가족의 생계와 간호를 같이 고민했다. 아빠는 수술 훨씬 이전에 서울 병원에서 치료를 받았고, 서울에서 대학을 다니던 오빠가 아빠의 간호를 하였다. 부모님과 같이 사는 나는 엄마와 같이 자영업을 이어 나갔다. 타 지역에서 일하던 언니가 아빠와 같이 수술을 하게 됨으로써 삼 남매는 적절한 자리에서 부모님 곁에 있어 주었다.

그 당시에는 시련이지만 일기에는 감사로 마무리했다.

FAMILY

Father And Mother, I Love you.

아빠는 15시간, 가은이는 7시간을 잘 버텨주었다. 서울에서 오빠는 한 달 넘도록 아빠 곁에 있어주었고, 포항에서 나는 엄마 곁에 있어 주었다.

아빠의 건강도 찾고, 가족 간의 사랑도 찾고, '신앙 혹은 관계'에 대해서도 돌아보게 되었다. 경상도 가족의 표본이었던 우리 가족은 조금씩 표현하는

방법을 배워간다. 24년 살면서 제일 힘든 시기라고 생각했는데 '다시 한
번'이라는 생각이 들어서 오늘도 감사!
아빠와 언니가 다시 태어난 날.
Thank you for GOD.

2012. 06. 12.

아빠는 수술 후 살이 15kg 정도 빠져 쇠약해지셨고, 하루 12번의 약
을 복용했다. 하루 12번 약을 먹는다는 것은 24시간 중 2시간 꼴로 약
을 복용한다는 식이다. 약 종류 자체가 대용량이었기 때문에 일반적으
로 생각하는 약봉지 12개가 아니었다. 시간마다 약을 골라 챙겨드렸다.
집에는 미니약국이 개설되었고 새벽부터 약 시간을 놓칠세라 약 복용
시간부터 손수 요리하는 시간, 아빠의 건강을 회복하는 시간 엄마의 자
영업을 마무리하는 자정까지 회사생활보다 더 자유를 누리지 못했다.
　하루 시간 중에 몇 없는 자유 시간을 누릴 수 있는 사치는 몇 개 없었
다. 약 6개월 동안 백수로 살면서 수영, 독서를 적절히 하며 개인 시간
을 가졌다. 이마저도 시간 내기 어려워 하루에 한 시간 정도만 여유였
다. 도서관에 들러 손 가는 대로 책을 빌렸다. 정독은 안 하더라도 표지
만으로 기분이 좋아지는 책 등 마음의 안정을 찾았던 것이다.
　이 6개월을 경제적 수입이 없었기에 백수라고 불렸지만 나는 신부수
업 시간이라 생각했다. 언제 내가 경제적 자유에서 벗어나 초등학교 때
배운 기술가정 말고 가정을 배울 것인가. 참 의미 있는 시간이었다. 나
의 일기에는 어떠한 순간에도 감사이다.

　　　　　　　　　　　　　　　／ 나답게 뜨겁게 화려하게

부엌때기 3개월 인턴 지났다. 으흐흣. 유치원 다닌 이후 삼시세끼를 집에서 해결해본 적이 있는가? 할 줄 아는 것만 하다가 인터넷도 찾아보고 책도 샀더랬다. 가은이 오는 주말에 숨 돌려 놀러 나갔지만… 내가 먹을 삼시세끼면 막 해먹겠다만 그것도 안 되지… 조미료는 넣지 않는다. 메인은 소량으로 2끼 이상 넘기지 않는다. 나름 식단표의 내 멋대로 룰도 생기고 아빠의 입맛, 컨디션, 계절에 따라 음식도 달라지고… 시간만 많으면 요리학원을 다녀서 제대로 배워 맛있는 거 해드리고 싶다. 그래도 아빠가 회복해서 드레곤 플라이트, 모두의 게임 등 나보다 더 스마트해져서 감사, 신부수업으로 음식 손질에서 설거지까지 능수능란하게 만들어줘서 감사, 무미건조해도 맛있게 먹어줘서 감사. 남은 3개월도 내조의 여왕이 될게요! 돌아보니 20대 중반이 꺾이는 소리가 들리고… 하…

2012. 12. 05.

한 치 오차도 없이 모든 계획을 달성하던 내게 이번 시간으로 학자금을 완벽히 갚지 못했던 것, 실무 2년의 경험을 채우지 못하고 대학원에 진학하였지만 오로지 가족을 위해 살았던 시간들이 진정한 공부에 대해 더 많은 생각을 하게 되었다. 꼭 가고 싶었고, 아빠의 회복을 위해서 열심히 도왔다. 대학원 입학을 앞둔 6개월이 내조 끝에 체중도 10키로가량 늘었고 다시 부모님이 자영업을 하실 수 있게 되었다.

* * *

대학원에 원서를 넣고 합격 발표가 나던 날.

나는 꿈밖에 없는 백수였고 그 와중에 아빠 간호로 신부 수업하는 팔자 좋은 여자였지만 합격통지서와 함께 가족과 얼마나 행복했는지 모른다. 삼 남매 중에서도 제일 공부를 못 하던 내가 공부를 더 할 수 있게 된 사실이 감사였기 때문이다. 메모한 꿈은 항상 나를 살아가게 한다. 어김없이 쓰고 꿈꾸어야 한다. 앓음은 아름다워지기 위한 선물이다.

성공은 침묵 속에서 자란다

"행동보다 말이 앞서는 까닭은 내 생각, 내 마음을 내가 다 지킬 수 있다는 착각 때문입니다. 그러나 그 생각, 그 마음…… 잘 안 지켜집니다. 오히려 그 생각, 그 마음에 내가 속습니다."

조정민 목사의 트위트 글에서 행동보다 말이 앞서는 경솔함을 이야기한다.

자신의 말과 행동이 불일치하는 사람을 신뢰할 수 없다. 대부분은 실수라고 치부하지만 마음먹은 것으로 이룬 것으로 착각하는 자만심에 빠질수록 더 잦은 실수를 한다. 알고 모름에 대해 스스로 분명하지 못한다. 꿈은 완전체이지만 발전형이다. 시작점을 나서는 순간 이정표도 스스로 정해야 한다.

"어떻게 하면 성공할 수 있는 비결을 찾을 수 있죠?"

그들이 바라는 답은 택시 중에 모범택시의 답을 원한다. 질문 하나로 명확한 방법을 찾기를 바란다. 수많은 날들의 인생을 단편적으로 말하기에 간단한 이야기로 함축하지 못해서 이야기를 하고 꼬리를 물게 될수록 상대방이 원하는 답은 듣기 어려워진다. 흔히 성공한 사람들에게 문의를 한다고 해서 친절히 알려주는 사람은 없다. 그들이 나빠서가 아니라 말을 해줘도 이해하지 못할 확률이 크다.

간혹 허를 찌르는 조언도 있다. "과연 네가 할 수 있을까?"라는 우려와 현실적인 조언이랍시고 자극보다 제한적인 뜻이 많이 담겨 있다. 물론 그들이 해주는 사실을 간과할 순 없지만 진정한 앎을 찾으려면 위험감수의 예방차원으로 듣는 것이다. 조언하면 할수록 상대의 열띤 토론이 시작된다. 그들이 듣고 싶은 말은 최대한 심플하지만 그들이 하고픈 말은 마치 토론장을 방불케 한다.

자신이 원하는 바를 확고히 이룬 사람들은 어느 순간 외로워지고 공유할 수 있는 대화의 주제는 극히 적어진다. 외로운 만큼 자신의 뜻을 이루고자 하는 바가 확실한데 그 이해를 해주는 사람들은 드물다.

＊ ＊ ＊

공자는 "말로만 교묘하게 주장하고 낯빛만 근엄하게 관리하는 사람 치고 어진 사람은 거의 없다.(巧言令色, 鮮矣仁)"고 했다. 행할 것을 고려하지 않고 행동은 스스로 했던 말과는 무관하게 나가는 결과에 이르면, 이것은 자기 말에서 주장하는 그 도덕을 스스로 짓밟는 격이 된다.

공자가 자공에게 말했다.

"나는 아무 말도 하고 싶지 않구나!"

"선생님이 말씀을 안 하시면 우리가 무엇을 배우라는 말씀입니까?"

"하늘이 무슨 말을 하더냐? (말이 없어도) 사계절은 운행되고 만물은 생육되지 않는가? 하늘이 무슨 말을 하더냐?"

자연의 모습에도 우리는 스스로 잘사는 법을 배울 수 있다. 캠핑을 즐기는 사람은 극 간의 변화를 기꺼이 즐긴다. 사계절 푸르른 계절이 있어 같은 숲이라도 설경과 푸르른 숲을 예술의 한 폭으로 감상할 수 있다.

나는 회사 현관에 있는 큰 나무와 가로등을 무척 좋아한다. 늘 자리에서 침묵적인 듯하지만 보이지 않게 잎이 자라고 나무가 무수한 하루를 견뎌낸다. 퇴근할 때 비추는 가로등 사이의 나무는 오늘도 수고했다고 다른 얼굴로 나에게 인사한다. 나무가 자라는 것을 보자 하니 늘 제자리에 정해진 것 중에 어느 하나 당연한 것은 없다고 나에게도 잘 이겨내라고 말해주는 것 같다.

숲의 침묵처럼 우리는 세월과 삶에 사색과 변화를 즐겨야 한다. 힘이 들 때 보는 울창한 숲에서 나는 내 자신을 돌아본다. 성공은 경쟁 속의 성공이 아니다. 침묵의 과정에서 행복의 울림이 있는 것이 성공으로 가는 길이다.

이길 수 있다는 사고방식을 가질수록 단련할 것들이 많아진다. 불확실한 세상 속에서 하고 싶은 일을 한다는 것 자체가 성공의 대상이 되어버렸다. 하고 싶은 일을 하기 어렵다는 현실에 무조건적인 타인의 잣대에서 성공을 바라보고 목표를 세운 것은 오류가 아닐까 생각된다. 예전에는 취업의 출발점 선상에도 하고 싶은 것이 명확하고 직업도 선택의 수가 적었다. 지금은 사람의 수명도 늘어나고, 경쟁은 더욱 치열해졌다. 선택의 폭이 넓은 듯 좁은 것은 한 번도 나의 내면과 대면한 적이 없었던 이들에겐 그럴 수도 있는 것이다. 혹시 교묘한 말로 나의 덕을 어지럽힌다면 이미 주변에서는 염증을 느낄지도 모르는 일이다.

* * *

'발분망식 낙이망우 부지노지 장지운이'라는 말이 있다.

스승님은 배움을 좋아하여 알고자 하는 마음이 생기면 밥 먹을 것도 잊고, 즐거움으로 걱정도 잊으며, 늙음이 닥쳐오고 있는 것조차도 알지 못할 정도다.

* * *

연 매출 170억 원을 이룬 만년 낙제생이 화제다. 공고졸업 출신의 이중선 대표는 열등생에 가까웠다. 열등감에 둘러싸인 채 전기기사인 아버지 밑에서 일을 하기 시작했는데 학교 공부와 달리 현장의 일에서 적성을 찾았다. 아버지가 허드렛일을 하시는 줄로만 알았지만 밑에서 배워보니 설계, 시공, 영업을 만능으로 하는 슈퍼맨이었던 것이다.

아버지와 함께 이룬 전기공업사는 연매출 5억이었지만 아버지가 돌아가신 이후 혼자 시작해야 했다. 주저앉을 수 없었기에 영업범위를 전국으로 확대하고 꼼꼼히 처리한 결과 홀로 선 지 7년 만에 직원 40명에 연매출 170억 원을 달성했다. 이제는 회사에 은사님을 고문으로 모시는 '성공한 제자'가 되었다. 심지어 자기와 같은 처지인 학생들이 있을까 봐 학교에 아버지 이름으로 장학금을 보낸다.

만약 그가 끝가지 무기력함과 열등감을 이기지 못하고 대학진학과 대기업만 바라고 있었다면 오히려 미래는 더 어두웠을지 모른다.

무기력한 사람들은 매사에 즐겁지도 행복하지도 않다. 감정이 없는 것이다. 이의 성공에도 수많은 침묵이 존재했지만 결국 해냈고, 보란 듯이 선을 행한다.

무기력으로 오는 마음의 병은 어떤 즐거움과 감동도 가질 수 없다. 작은 것부터 바꿔 마음에 새겨보자. 행복한 하루는 생각보다 크게 어렵지 않은 일이다. 나의 존재 자체가 행복이라고 생각하자. 결국 나의 행복한 하루의 전환은 나를 성공의 길로 가게 된다. 침묵은 나를 돌아보는 시간이 된다. 노력과 시간을 공들여 쌓다 보면 말보다 행동의 결과가 더 많은 말이 되어 돌아올 것이다. 모든 침묵은 마음을 대변한다. 굳이 내세우지도 않아도 되는 것이 말이며, 확실하게 보여주는 것은 행동이다. 가벼운 말보다 침묵의 행동은 정확한 성공의 방향으로 인도해 준다.

무기력으로 오는 마음의 병은 어떤 즐거움과 감동도 가질 수 없다.
작은 것부터 바꿔 마음에 새겨보자.
행복한 하루는 생각보다 크게 어렵지 않은 일이다.

외로움을 견디는 사람이 인재로 성장한다

티베트 사람들이 쓰는 말 중에 '셴파Shenpa'라는 말이 있다. 가려운 곳을 긁는 고통이라는 의미로 가만히 두지 못하고 관여하여 짜증에 이르는 상태를 말한다. 건드릴수록 일시적인 상태를 참지 못하여 오래 긁어야 하는 고통으로 이어진다. 차라리 건들지 않는 것이 나을지도 모를 정도로 긁어대지만 결국 더 가려워질 뿐이다. 가려운 대로 긁어버리고 다시 반복되는 것은 연애의 외로움에서도 나타난다. 연애의 본질 속에도 외로움이라는 존재는 늘 우리 곁에 암묵적으로 존재한다. 그들이 외롭고 힘들 때 기대는 것은 자신조차 불완전하기 때문에 누구를 만나더라도 행복해지기 이전에 허탈감을 불러 온다.

우리는 흔히 외롭거나 힘들 때 사람을 찾는다. 무작정 찾는다고 외로움이 해결되는 것이 아니다. 의존적인 성향은 기대로 바뀌게 되기 때문이다. 외로움은 타인과 채우는 것이 아닌 나와 마주하는 것이다. 타인과 채우려 할수록 갈라질 수 있다.

신나는 음악이 들썩거리는 파티장에서 화려한 조명을 받아도 외로운 사람이 있다. 홀로 있는 시간 속에도 TV와 스마트폰을 놓지 못하는 이유는 외로움과 공허함 때문이다. 실제 SNS의 약자가 교호 네트워크 서비스Social Network Service에서 '시간(S) 낭비(N) 서비스(S)'로 변질될 정도로 무의미한 콘텐츠들이 난무한 SNS만 두리번거린다. 타인이 분별해 올린 단편적인 사진과 정보를 더 크게 받아들여 스스로를 더 외롭게 가두어 버린다.

외로움에도 부정과 긍정이 작용한다. 정신분석학자 H.S 설리번Sullivan은 관계로부터 격리된 부정적인 혼자를 '론리니스loneliness'로, 스스로 나다움을 선택하는 긍정적인 혼자를 '솔리튜드Solitude'로 분류했다. 론리니스loneliness는 외로움을 벗어나는 방황을 관계 속에서 격리시키고 타인에게 채우려고 한다. 외로울 때 의존하려는 심리로 인해 상대방에게 기대감이 생긴다. 스스로 서 있는 사람들에게도 외로움이 존재하지만 그 외로움이 자양분이 되어야 의지하고 위안의 형태가 되면 갈등과 변질이 되어 악순환이 된다. 함께 있는 것만으로 채워지지 않는 감정이기 때문에 오히려 외로울수록 '홀로'의 방향으로 세워야 스스로에게 속박당하지 않고 스스로에게 성숙할 수 있다.

대학원을 다닐 시절 평일에는 항상 마지막 버스를 타고 집에 갔다.

수업시간에 배웠던 공부이며 스스로 해야 할 연구들이 많았다. 모든 것을 완벽하게 해야 했기에 시간이 부족했다. 미련하게도 그 시간들을 고집해야 했던 이유는 현재를 부지런히 단련해야 원하는 바를 얻을 수 있고, 조금씩 얻을수록 자유로워지길 원했다. 하지만 내 모든 시간을 타인과 공유하기에 이해가 필요했다. 발전적인 개념에서 했던 공부가 타인에게는 일중독으로 비춰진 것이다. 물론 주말에 예외적인 상황을 제외하고는 휴식에 집중했다. 스스로 독립적인 존재가 되기 이전에 타인의 기대가 점점 나를 짓누르기 시작했다. 하지만 평일의 순간에도 늦게 귀가하는 나에게 걱정보다 불만을 토로하는 상대방을 보면서 아직 내가 연애를 하기에는 부족한 사람임을 깨달았다. 누구를 만나기 전에 나 자신과 약속을 지켜야 할 것이 많았다. 나의 생각과 상대방의 생각이 맞지 않아서다.

＊ ＊ ＊

나는 일에서 행복을 찾고 싶은 사람이 아니다. 엠제이 드마코^{MJ DeMarco}는 부의 3요소를 가족(Family), 신체(Fitness), 자유(Freedom)라고 말한다. 지금 꾸준히 배우고 이루면 나는 나중에 좋은 여자가 되는 것이 꿈이다. 누군가를 만나기 전 나 자신이 스스로 독립적인 존재가 되어야 한다. 의지하다가 좌절하는 사람이 많다. 조금은 독립적인 상황이 정도를 이루었을 때를 위해 오늘도 정도를 걷는다.

＊ ＊ ＊

사회에서나 가족의 관계에서 보호받지 못하여 홀로 남겨진 사람을 고아라고 부른다. 성년을 준비하며 성장하는 시기에 누구에게 의존할 수 없기에 외로움뿐만 아니라 불행과 좌절 또한 의도치 않아도 감내해야 한다. 일반적으로 고아를 바라보는 사회의 시선은 결핍이 많아 보호해주어야 함에도 불량하다는 인식과 함께 일반적으로 자란 가정에서는 꺼린다.

그러나 정신과 의사 피에르 렌치니크는 '고아가 세계를 주도한다.'는 글을 발표했다. 부처, 모세, 공자, 레오나르도 다빈치, 비스마르크 등 역사적 고물들은 고아로 자랐다고 한다. 역사를 주도했던 위인의 상당수는 고아였다는 것이다.

어린 나이에 누구의 보호도 받지 못하는 것만큼 큰 시련이 있을까? 외로움 속에 자란 고아가 세계를 주도의 상당부분을 차지했던 것은 현실은 불만족스러웠지만 그 현실에 만족하지 않았다는 것이다. 현실에 만족하면 그들의 미래는 별반 다를 바가 없었을 것이다. 위인들에게 고아가 운명이었다면 그 상황에서 최선을 다하는 것 또한 그들의 운명이었다.

사무치게 외로웠던 미성년기에 겪었던 외로움이 에너지로 바뀔 수 있었던 것은 그 외로움에서 창조적 에너지를 발산했기 때문이다. 고아여도 성공한 위인이어도 한 주체 안에서 어느 누구의 외로움과 아픔을 견줄 수 없는 것은 그 아픔을 견줄 수 있는 것이 그 어떤 다른 것으로 대신할 수 없기 때문이다.

* * *

현상적인 고아도 존재하지만 심리적 고아도 될 수 있다. 외로움을 피할 수 없지만 머무르는 방법 또한 모른다면 알아주는 사람도 없을 뿐더러 극복하기는 더욱 어려워진다. 누구나 가슴속에 미치도록 꿈틀대는 무언가는 있을 것이다. 그것이 추상적인지 구체적인지 문제가 아니라 진심을 다해 도전해본 기억이 있다면 그 순간만큼은 남들의 이해도 바라지 않는다. 나의 목표에서 위로도 필요 없는 것이며 외로움을 극복하는 힘도 오늘의 확신과 역경이 있기에 더 단단해진다. 목표가 클수록 어려운 것은 당연하다. 그럴수록 더 큰 미래를 그린다면 지금 이 순간쯤이야 나중에는 그리운 시간들로 자리할 것이다.

마음속에서 결핍된 고아들은 현실을 이길 힘도 능력도 없다. 오로지 안 보이는 미래의 가치를 향해 달려가는 것 하나가 외로움을 극복하는 가장 큰 무기가 아니었을까? 현실을 알면서도 미래를 보는 것. 그 과정을 달려 나갈 때 외로움을 극복해야 하는 것이 바로 오늘이다. 답답한 마음을 술로 푸는 하루가 순간의 스트레스는 날려버릴지 몰라도 다음 날 없어지지 않는 막막함이 계속되는 것이다. 일시적인 방법에 지나지 않는다. 제대로 파악하면 남들의 의존보다 나의 다짐이 더 나은 것이다. 단순하게 생각하면 외롭지만 미래는 결코 외롭지 않았을 것이다. 단순한 속임에 넘어 좌절하지 말자.

* * *

과학과 철학의 대명사 장하석 교수는 우리 인생에 관해 이렇게 이야기한다.

"나무만 봐선 안 된다. 이 나무가 무슨 역할을 하나, 다른 나무와 어떻게 연관되어 있나, 숲에서 이 나무의 역할은 뭔가. 베어버려도 되나 안 되나 알아야 한다. 또 숲만 봐도 안 된다. 그럼 큰 그림만 그리지, 작은 그림은 그리지 못하게 된다. 나무도 보고, 숲도 봐야 한다."

외로움을 바라볼 때 성공할수록 높이 오를수록 외로운 것은 혼자임을 깨달음과 동시에 결국 인정해야 하는 것은 혼자라는 사실이다. 뿌듯함 뒤에 숨겨진 것을 깨달아야 한다. 외로움에 도망치는 것이 아니라 가치 있는 것으로 채워 성장해 나가야 하는 이유이다.

맞서 싸워라, 그리고 이겨내라

진짜 인생을 고민해야 할 순간은 결정의 책임이 자기에게 있을 때이다. 주는 밥, 주는 용돈, 권하는 길로 가는 것은 어느 정도의 보장성을 가지고 있고 그것이 흔한 성공이라고 이야기한다. 자기결정권을 스스로 가졌던 열아홉의 가을에서 빚지는 대학생이 되기까지는 큰 어려움이 없었다. 남들도 다 그렇게 빚지는 졸업을 했기 때문이다.

하지만 빚을 지는 순간 큰 걸림돌이 되어 꿈과 빚에서 우선순위가 바뀌어 버린다. 돈을 버는 순간 목적이 되는 것이다. 실제 나의 취업에서도 2년 동안 빚 갚기 계획을 세우고 1년을 채우지 못하고 엎어졌다. 모든 일에서 후의 차선책을 대비하는 것은 중요하다. 공부는 마음먹으면 언제든지 시작할 수 있었다. 하지만 집안의 사정을 잘 알았기 때문에 차마 이십 대 중반에서 학비를 운운하며 미래를 담보 걸 수 없었다. 결론은 간단하다. 공부를 하고 싶으면 내가 벌어서 하면 되는 것이다.

막연히 졸업하면 다른 미래가 있을 것 같았고, '석사'라는 학위가 인생을 보장해줄 것 같은 환상에 사로잡혔다. 막막할 때마다 성공해서 더 잘 벌면 된다는 생각이었다. 하지만 이보다 더 바보 같은 생각은 없었다. 석사학위는 학계에서 생의 초보단계이기 때문이다. 공부하는 방법을 배웠다면 그뿐인 것이다. 절대 인생을 뒤바꿔줄 '학벌 세탁'이라는 말은 말도 안 될 정도로 공부하는 양이 절대적으로 부족하다.

* * *

인생에서 절대적으로 고민되는 부분은 '돈'이다. 할 수 있는데 돈이 없다고 징징대는 것보다 돈이 없어도 방법을 찾아서 해야 했다. 돈이라는 것은 원래 친숙하지 않았기 때문에 절대 돈 때문에 지기 싫었다.

갚아야 할 돈, 모아야 할 돈이 있었음에도 모든 선택에 무리가 있었지만 결국 '자기 결정권'이 있었기 때문에 돈 때문에 내 계획을 굽히지 않았다. 돈이 없어도 지금 배워야 하는 순간에 배워야 하는 것이 미래를 대비할 수 있는 것이다.

참 궁금했다. 공부를 몰랐던 내가 이십 대 후반이 되어서도 공부를 하고 있다니. 대학교 시절에는 일과가 끝나면 도면 그리는 업무를 익혔다. 매일 정해진 도면을 그리며 용돈을 벌었다. 나온 책만 해도 5여 권에 달한다. 대학원 다닐 때는 학교 도서관에서 책을 읽고 관심논문을 열람하면서 방법을 찾았다. 등록금이 아깝다고 대학원 진학을 거부하는 주위를 보면서, 나는 등록금이 아까웠기 때문에 학교 도서관에서 책을 읽고 모든 것을 체득하기로 하였다.

 / 나답게 뜨겁게 화려하게

연구원에 다니는 지금도 저녁엔 영어공부를 하고, 논문을 쓰고, 책을 쓴다. 정확히 말하면 잠자는 시간 이외에 나의 하루는 크게 2단계로 구분된다. 늘 바빴다.

퇴근을 하면 다시 하루가 시작되는 느낌이다. 해야 할 것은 넘쳐났고, 시간이 없었다. 시간과 돈이 없다고 주저한다면 결국 시간과 돈에 지배당할 것이다. 적어도 당장 돈을 벌 순 없지만 돈을 벌 싹수는 마련하는 것이 지금 내가 해야 할 일이다.

* * *

우수논문상 3년 연속 수상에도 불구하고 여전히 창의적인 것과 아주 잘하는 것은 달랐다. 생각을 표현하기에 자라왔던 배경대로 축척되었던 지식이 못 따라와 버거울 때가 많다. 그래도 강력한 무기는 웃는 것, 끊임없이 배우는 것뿐이다. 그래도 다행히 이 과정들이 고통스럽지 않다. 모든 문제의 중심을 나에게 두면 해결할 답이 금세 보인다.

일을 하다 보면 반복적인 패턴이 생긴다. 매일 하는 업무이기 때문에 익숙해지면 지나치게 스스로 표준화된다. 하지만 직감이라는 무서운 것이 어느새 대충대충 하는 버릇이 들 수 있다. 왜냐하면 잘해도 그만 못 해도 그만이라는 스스로의 평준화가 생기기 때문이다.

나 역시 일이 익숙해질 때면 어느새 스스로 안일하게 생각하는 나쁜 버릇이 생길 때가 있다. 초보가 고수인 척하는 경우에는 제대로 하지도 않고 생색내는 것이다. 논문을 한 편 써봤다고 딱 그만큼만 쓴다. 배울 법한 논문의 방법론은 넘쳐흐르는데도 내 포맷대로만 생활하는 것이다. 다행이 일을 하면서 이 부분을 많이 고칠 수 있었다.

논문을 쓰다가 윗분들에게 검토를 받을 때면 처음부터 '나는 석사니까.'라는 생각이 잠정적인 생각에 빠진다. 더 잘 쓸 수도 있지만 그 이상의 노력을 안 하는 것이다. 제일 적당히 쓴 논문을 넘길 때 머쓱해질 때도 있지만 이내 '나는 석사니까 부족할 수 있어.'라는 초보 마인드로 합리화시켜 버린다. 참 죄송하게도 지도해주시는 박사님은 대충 쓴 그 부분을 혼내시지 않으시고 일일이 다 잡아주셨고 수정해주셨다. 초보 마인드로는 초보적인 결과만 생산한다.

논문을 많이 써보지도 않았으면서 똥폼 잡는다고 더 배우려고 하지 않았던 내 자세가 제일 부끄러웠다. 대충대충 해오던 습관에서 체계적으로 변신을 해야 한다.

오늘 시작되는 하루에서 보람 찬 하루를 시작하는 사람과 하루를 버텨보자는 식의 사람들은 하루에서 얻는 것이 다르다. 마음가짐에 따라 하루의 행복 자체가 다르다.

매일 출근을 해서 자리만 지키는 사람과 제때 일을 하고 스스로 만족하는 사람들은 하루하루의 차이가 난다.

만족할 때 행복은 저절로 따라온다. 그렇기 때문에 '현재 삶에 얼마나 만족한가?'를 생각해 보고 어떻게 만족을 찾을 것인지 생각해야 한다. 자기만족은 주어진 것이 아니라 만들어가는 것이기 때문이다.

* * *

많은 사람들은 행복의 기준을 스스로의 독립적인 존재가 아닌 타인과 비교하는 상대적인 행복으로 생각하는 오류를 범한다. 하버드 대학교의 솔닉과 헤멘웨이S. Solnick and D. Hemenway의 연구결과에서 비록 자신의 연봉이 과거보다 더 늘지라도 다른 동료들의 연봉이 자신의 것보다 상대적으로 더 많다는 사실을 안다면 우리는 결코 행복해지지 않게 된다는 인식을 가진다는 것이다.

명품을 사는 사람, 짝퉁을 사는 사람이 있다. 명품 대신 짝퉁을 선택하는 이유 또한 상대적 만족감을 얻기 위함이다. 명품가방을 가지지 못하는 나 자신에 대한 현실을 짝퉁을 구매함으로써 타인과 상대적으로 동등하다 생각한다. 하지만 짝퉁을 구매하는 사람은 자아와 윤리적 제약이 느슨해져 매사에 부정적이기 쉬울 뿐만 아니라, 타인의 정직성마저 의심하게 된다고 이야기한다.

* * *

알리바바 마윈은 "용기는 현실에 과감하게 맞서는 일이고, 공포를 이겨내는 힘이다. 실패를 극복하고 승리를 쟁취하는 무기이다."라고 이야기했다. 주변의 현실에 머무르는 사람들의 이야기를 들어보면 어쩔 수 없다는 생각이 많다. 가족이 반대해서, 지금 있는 곳에서는 능력을 발휘할 수 없어서 등 수많은 이유들을 나열하지만 안 된다는 생각도 자기가 판단한 것임을 모른 채 접어버린다.

뮬란의 말을 기억하자.

역경을 이겨내고 핀 꽃이 가장 아름다운 꽃이다.

때로는 어설프게, 덜 똑똑하게, 우직하게

성공한 사람들의 과정을 궁금해하는 사람들이 많다. 심리학자 히라코토 아키오는 20%만 목표를 세워서, 80%는 목표 없이 성공했다고 이야기한다. 어떻게 목표 없이 사회의 기준 선에서 성공할 수 있었을까?

'목표없이 성공하라'에서는 심리적만족형과 목표추구형으로 유형을 분류한다. 대부분의 사람들이 자신이 가진 성공 성향을 알지 못하고 무리하게 목표를 추구하다가 자신을 좌절시키고 있다고 지적한다. 미래의 비전을 향해 목표를 세워 행동하면 의욕이 솟아나는 목표추구형이라 이야기한다.

하지만 꿈이 무엇인지 모르거나 끌어내는 방법이 어설픈 이들의 대부분은 무엇이든 시작하지 못한다. 그들의 대답도 '목표가 없어서'이다. 나는 무엇이든 정확한 목표보다는 '지금부터 몇 년 뒤에는 어떤 사람이 되고 싶나?'라는 질문에서 꿈을 찾아갔다. 정확히 말하면 20세에는 인생과 진로의 목표가 없었다. 꿈이 떠올라 가슴이 벅차오르는 것이 아니라 잘은 모르지만 무엇이라도 해야 했기에 시작한 것이 전부였다.

가만히 생각해보면 나는 심리적만족형과 목표추구형 중에서 심리적만족형으로 지금까지 왔다. 계속에서 어떻게 살 것인지를 고민하면서 어설픈 목표를 세우면서 결과는 해본 뒤에 생각하는 것이었다. 해본 뒤에 생각하는 것이 아니라 받아들이는 것이 맞는 표현일지도 모르겠다.

* * *

대부분의 사람들은 정확한 꿈이 실현되길 바라고 딱 맞는 꿈을 찾기를 바란다. 하지만 어떠한 순간에도 단기간에 완벽히 이룰 수 있는 것은 없다. 원하는 꿈을 찾아가는 것은 진정한 나를 발견하는 의미이다.

꼭 하는 행동보다 보이기를 좋아하는 사람들이 있다. 과장된 것을 좋아하고 늘 과시하기를 좋아한다. 그 사람들의 특징은 어쩌면 가진 것에 비해 다른 사람들의 인정을 바라는 일일지도 모른다. 하지만 쉽게 이야기하는 만큼 가벼운 다짐일 확률이 크다. 실제로 뭐든지 가지고 이룬 것에 비해 과장하기를 좋아하는 사람이 대단해 보이지 않는다. 오히려 인정을 구걸하는 듯해 측은해질 때도 있다. 과연 하나부터 열까지 자신의 일을 열거하는 사람들의 이야기를 진정으로 궁금해하고 들어주는 사람들은 얼마나 될까?

* * *

한참 페이스북이 유행하던 시절 나도 남들의 인정을 바랐다. 하지만 페이스북이라는 소셜네트워크에는 내 모든 생각과 기준이 왜곡될 수 있다. SNS는 우리가 보여주고 싶은 모습만 보여 준다. 즉 잘 나온 사진, 행복한 순간들의 모습 중에 마음에 드는 것만 올린다. 지울 수 있을 때 얼마든지 지울 수 있지만 적어도 주변 사람들은 그 과정을 다 알고 있다. 지웠다고 완전히 지워지지 않은 것은 그 과정들이 모두 보이는 곳이기 때문이다.

한때 사사건건 이슈가 될 법한 오늘의 하루는 꼭 SNS에 공유했다. 하지만 그럴수록 더 예쁜 사람으로 포장하기에 바빴다. 굳이 거짓된 모습은 아니지만 과장된 모습은 확실했다. 주변사람들은 내가 올린 포스팅만 보고 나의 이미지를 각인할 것이기에, 어느 순간 허무했다. 올린 모습이 전부는 아니며, 댓글이나 좋아요 개수로 내 기분이 왔다 갔다 했기 때문이다. 단순한 공유가 아닌 스트레스가 된 것이었다. 어느새 나의 일상이 다른 사람들과 공유되어지고 인정을 바라는 내 모습이 허무했다. 나는 말하는 순간 다른 사람들의 기대를 알게 모르게 의지하게 되고, 결국 예뻐 보인다는 판단마저 그 타인의 기대에 벗어나면 안 된다는 생각마저 들었기 때문이다. SNS를 줄이고 오프라인으로 왜곡되지 않은 내 일상을 인정하고 사랑하기로 했다.

* * *

주위를 둘러보면 이제는 비교적 안정적인 직장을 자리 잡고 열심히 일을 하고 있지만 그들의 하루는 일을 마치고 남은 시간은 업무에 대한 보상의 휴식 정도로 생각한다. 하지만 나는 퇴근을 하면 명문대 진학의 목표를 이루기 위해 영어공부를 하고, 하루를 평범하면서 불만족스럽게 사는 이들을 위해 원고 집필을 한다.

대부분의 사람들은 정확한 꿈이 실현되길 바라고
딱 맞는 꿈을 찾기를 바란다.
하지만 어떠한 순간에도
단기간에 완벽히 이룰 수 있는 것은 없다.
원하는 꿈을 찾아가는 것은
진정한 나를 발견하는 의미이다.

퇴근을 하면 더 본격적인 나의 삶이 스타트 되는 것이다. 계속 그렇게 반복해야 했다. 욕심이 많고 꾸준히 무엇이든 한다는 나는 남들의 인정을 바라서도 아니었고, 꿈을 이루어야 했기 때문이다. 월급을 더 많이 주는 회사, 더 나은 근무조건의 회사는 내 목표가 아니었다. 뜨거운 20대를 지나는 그들의 목표는 경력을 채워 이직하는 것이 전부이다. 일정 시간이 지나 당연한 보상을 받는 것이 목표이기 때문에 재미도 없고 불만족스러운 것은 어쩌면 당연한 이치이다.

꿈꾸는 현실이 너무 가혹하기 때문에 혹자는 인생을 참 편하게 산다고 생각할지도 모르겠다. 꿈꾸는 것이 필수가 아닌 사치가 되어버린 요즘일수록 더욱 꿈꿔야 하는 이유는 꿈만이 지금을 변화시킬 수 있고 지금의 만족보다 더 큰 만족을 바라고 있기 때문이다.

20살에 대학 등록금을 대출받은 이후부터 아직 0조차 되어 본 적이 없다. 어쩌면 주5일제, 급여를 차곡차곡 모아 미래를 대비하는 것이 더 바람직해 보일지도 모르겠다. 하지만 그런 현실을 이 사회를 비관하기보다 내가 만들어온 결과에 책임을 지고 더 나은 세상을 꿈꾸며 달려가는 길이 제일 힘들어도 정직하게 마음 편한 길이 아닐까 싶다. 사람이 바르게 첫 마음을 간직해야 하는 이유, 그 마음에 적어도 진심으로 최선을 다해야 하는 이유는 나 자신과의 약속이다.

성공한 사람의 80%는 그 성공이 당연히 다가온 것이 아니다. 우리가 살아가는 순간에 우연한 만남이나 사건들은 계속 일어나기 마련이다. 대부분 그 우연히 겪은 일들을 통해 성공을 이루었다고 이야기한다. 이것이 바로 계획된 우연성 이론Planned Happentance Theory이다. 우연이라는 것은 스쳐지나가는 것이다. 하지만 이것을 흘려보내는 것과 잡는 것의 차이가 획기적인 성공의 길로 이어 줄 것이다. 오늘 읽은 이 책에서도 계획된 우연성 이론은 존재한다.

＊ ＊ ＊

모로토미 요시히코의 '행운에도 법칙이 있다'에서는 계획된 우연성 이론의 5가지 포인트를 다음과 같이 이야기한다.

1. 인생의 모든 사건에는 의미가 있다. 쓸데없이 일어난 사건이나 만남이란 없다.
2. 우연은 당신의 인생을 풍성하게 만든다.
3. 어떤 인생관을 가지고 있느냐에 따라 당신을 행복하게 하는 우연을 불러들일 수 있다.
4. 행운을 가져다주는 우연을 의도하고 계획할 수 있다.
5. 이렇게 불러들인 우연은 이미 '단순한 우연'이 아니다.

돌아보니 나의 삶도 그런 순간이 많았다. 우연히 알게 된 학술발표대회가 학문적 주장을 하는 게 멋있어 보인다는 이유로 대학원에 진학했다가 매년 상을 받는 나를 발견하는 것, 대학원 선배가 던져준 논문을 흥미롭게 읽다가 회사 홈페이지를 들어가 보니 지금의 회사에 다니는 것. 채용공고 마감 하루 전날에 일어난 일이다.

지금 내 인생을 더욱 풍요롭게 만든 것은 계획된 우연에서 일어난 일이다. 그래서 우리는 매 순간 지나가는 순간에 한 번 더 물음표를 가져

야 하고, 원하는 것은 그렇게 이루어지기를 간절히 바라고 행동해야 한
다. 행동해야만 우연과 행운이 내 손을 잡아준다.

지금 이 책을 읽는 순간에도 이 책에서 원하는 메시지의 의미와 지금
이라도 삶의 방향성을 잡을 수 있는 계기가 되기를 바란다. 하나를 예
측하고 성과를 내기까지는 다짐이 꼭 필요하다. 나를 잡아주는 흔들리
지 않는 다짐이 없다면 나와 주위의 현실과 말에 이미 난 모든 것에 순
응 했을지도 모른다. 어떻게 살 것인지, 무엇으로 살 것인지, 과연 참된
목표를 가지고 있는지 늘 나에게 질문한다. 물음표에서 느낌표가 될 때
까지 끊임없이 머리 위에 물음표가 계속될 것이다.

5장

가장 나답게
뜨겁게 화려하게

미래는 정해져 있지 않다

주변에서는 나에게 꿈에 대해 묻지 않았다. 대부분 '왜'라고 묻기보다 '잘하고 있으니까', '당연히 잘해낼 거니까', '적성을 찾았으니까.' 하고 나의 꿈을 듣기도 전에 단편적인 모습으로 가정해버린다.

"좋겠다. 좋아하는 일을 해서."

내가 어떤 성격인지, 어떤 것을 좋아하고 꿈꾸는지 궁금해하지 않는다. 단지 '적성이 맞다.'는 간단한 이유로 끝나버린다. 이 재능을 내 것으로 만든 오늘을 당연하면서도 이질적인 사람으로 판단해 버린다.

대부분 자기계발서를 읽어보면 비슷한 맥락을 읽을 수 있다. 성공이 탄탄대로 깔린 사람은 이미 성공의 반열에 올랐기 때문에, 성공할 수 없었던 사람들이 성공을 거머쥘 때 이야기는 감동이 된다. 당연한 이야기가 절대 아니기 때문이다. 환경도 초라할 뿐더러 치열한 노력을 통해 재능을 계발한 것이다. 재능을 계발한 사람들에게 "왜?"라고 묻지 않고 '재능'을 타고 났다고 생각하는 사람들은 발전적일 수 없다.

* * *

'숲'이라는 일반적인 것을 바라볼 때 똑같다고 생각하지만 그것은 잘못된 생각이다. 숲도 생태학에서 설명하면 나무도 다르고, 타는 온도도 다르고, 다른 환경들이 너무 많다. 자라면서도 햇볕이 어땠는지, 지나가는 딱따구리에 의해 상처가 있는지, 자란 곳의 토양은 어땠는지 너무 다양하다. 하지만 대부분의 사람들은 모두 '성공의 유전자'는 타고났다고 생각하는 것이다. 하지만 그 외에 지나가던 날씨에 대해서도 충분히 알 수 있을까? 너무 복잡한 이야기를 하려는 이유는 이처럼 하나의 것에도 많은 다양성을 인정해야 하고 생각해야 한다. 그중에 나는 아주 일반적인 사람일 뿐이라는 것이다.

모든 것을 다 아는 사람은 대단하다. 하지만 모르는 것을 모른다고 이야기하는 것이 더 대단하다. 모른다고 말하는 것 자체가 자신의 무지를 인정하는 것인데 많은 사람들은 이 문턱을 넘지 못한다. 창피하기 때문에 가볍게 넘긴다. 하지만 모르는 것은 죄가 아니다. 경험하고 생각해보지 못한 이유일 뿐이다.

나는 남들의 시선에 희생양이 되지 않기 위해서 모르는 것은 최대한 빨리 인정하고 듣기를 즐긴다. 창피하다고 생각되는 마음도 그 순간뿐이다. 이후에는 더 많은 것을 오히려 솔직하게 물어 볼 수 있어서 이해도 빨라진다. 내가 모르는 것은 경험해보지 않았으면 당연한 이야기이다.

* * *

인생의 답은 생각보다 단순하다. 사람들은 흔히 '적성을 찾았다.'고 이야기한다. 하지만 그 적성은 가볍게 내재되는 것이 아니라 많은 고민을 했다. 사람들은 어떻게 하면 꿈을 찾을 수 있는지 묻는다. 방법을 알려줘서 찾을 수 있다면 그것은 내 꿈이 아니라 남의 꿈이다.

내가 지금 '좋아하는 일'의 모든 근본은 하고 싶다는 생각이다. 정확한 표현은 '해보고 싶다.'가 제일 컸다. 하지만 작정한 것이 있다면 무조건 절대적인 시간을 투자해야만 한다. 지방대에서는 성적이라는 목표를 위해서 고군분투했고, 직장에 다닐 때는 빚 청산이라는 목표를 위해 고군분투했다. 대학원에서는 성적을 위해 또 불확실한 미래에 대비하기 위해 할 수 있는 것은 나에게 투자하는 것밖에 없었다.

하루도 마음 편히 쉬는 날이 없었다. 이 불확실한 미래에 답을 스스로 찾아야 했기 때문이다. 아직 박사들이 볼 때 나는 놀라운 인재가 아니다. 초기에 진행했던 연구도 대학원 선배가 하는 사업에서 기초를 얻어서 쓰기 시작했으며, 이후 점차 발전했다. 논문이라는 것을 쓰기 위해서 남들의 잘 써진 논문을 보고 흉내를 낸 것에 지나지 않는다. 지금 단번에 인재가 되는 것이 아닌 인재가 되기 위한 과정을 지나는 것이다. 예전에는 사람들이 꿈을 물을 때면 답은 참 간단명료했다. 연구원이 되기 이전까지는 답은 늘 하나였다.

"하고 싶어서."

이제는 내 목표를 위해 3년이라는 시간을 더 투자해야 하고 그러다 보면 30대를 맞이한다. 이제 더 이상 내 진로의 문제에서 "하고 싶어서"는 통하지 않는다. 왜냐하면 스스로의 확신만으로 20대 후반까지 꿈을 찾는 연습을 했기 때문이다. 경제적으로는 늘 곤궁해도 돈 버는 것보다 돈 버는 기술을 만들어야 하는 간단한 이치도 깨달았다. 돈을 벌어야 했지만 단순히 돈을 버는 것으로 삶의 안정은 채워지지 않는다. 지금 당장 돈을 벌 수 없다면 돈을 벌 수 있는 시스템을 구축할 시간을 벌어야 한다.

20세에 나의 한계를 정한 것은 마치 출근하기도 전에 오늘 하루 전체를 방관하는 것과 같다. 생각해보자. 아직 제대로 해 볼 시기조차 오지 않았는데 가만히 앉아 있는 내 모습을. 출근하면 내가 해야 하는 일도 있지만 예상치 못한 일들도 있다. 정해진 길은 있지만 마무리의 예측은 할 수 없기 때문에 하루도 인생도 살아볼 만하다는 것이다. 한참 좌충우돌해야 할 시기에 가만히 앉아서 남의 성공에만 듣는 귀가 열려 있는 짓은 하지 말자는 것이다. 넘어져도 다시 일어날 수 있는 시간이 있는 것이 20대이다. 인생의 선택권을 내가 가지는 것만큼 든든한 자산은 없다.

* * *

나는 실업계 출신에서 디자인 학사를 졸업하고 공학 석사를 마쳤다. 누가 이 연관성에 대해서 명쾌한 답을 할 것인가. 단 한 번도 남의 기대에 어긋난 적이 없는 사람이라면 한 번이라도 이 길에 대한 의심이 없었는지부터 자문해보아야 할 것이다. 적성을 찾는 방법은 의외로 간단하다. 내가 여기서 어떤 성과를 이끌어 냈냐는 것이다. 소속된 것에서 성과 혹은 나의 가치를 발견하지 못했다면 분명 내가 미칠 일은 다른 곳이라는 것이다.

다행히도 나는 적당한 성과를 냈다. 디자인 능력을 인정받고 논문 쓰는 능력을 인정받은 것이 나에게는 나도 할 수 있다는 생각과 큰 포부를 가지게 했다. 이제 당신이 생각해야 할 것은 내가 속한 위치에서 미래를 그리는 것이다. 그리고 내가 하는 일이 진정 나를 위한 일인지 소속된 곳을 위한 일인지 생각해보자는 것이다.

시간을 보내는 답은 내가 가는 길에 '얼마나 최선을 다했는가.'와 '성과는 어땠는가.'의 두 가지로 결정되는 것이다. 인생에 있어 잘살고 못사는 정해진 인생이 없듯이 주어진 환경과 상황에서 얼마나 가치 있는 시간을 보냈는지 관심을 두어야 한다. 상황 탓을 하기엔 현실은 너무 빠르게 지나가고 있으니 이제는 상황보다 현실을 대처할 수 있는 시간을 벌어야 함을 잊지 않아야 한다.

아직 20대의 아침 9시도 맞이하지 않은 시점에서 우리는 절대 오늘날의 우리를 한계 짓지 말아야 한다. 간혹 주변에 결혼을 일찍 했다는 이유로, 상황이 여의치 않다는 이유로 자신을 한정짓고 도전하지 못하는 친구들을 다양하게 만날 수 있다. 나는 그들에게 얼마나 내가 절박했고 결핍했는지 이야기해주고 싶지만 이야기를 꺼내기도 전에 자신의 불만들을 토로하면 어떠한 위로를 해줄 수가 없었다. 물론 그들이 처한 현실의 무게를 간과해서는 안 될 것이다. 하지만 처한 상황이 어떻든 간에 우리는 꽃필 20대가 아닌가.

* * *

우리 인생이 저마다 다르듯이 살아야 하는 방식 또한 다양하다. 획일

화된 교육 탓에 정해진 꿈밖에 꾸지 못한 것은 사실이다. 꿈꿀 수 있는 시간에 꿈을 꾸지 못하면 나중에는 더없이 현실에 맞추어 나를 살아야 한다는 것이다. 같은 단위 안에 머무르더라도 분명 다름은 존재하기 때문에 무엇이든 도전해야 한다. 화려한 판도라 상자는 믿는 순간 열린다.

미리 마침표를 찍지 마라

꿈꾸는 것과 성공은 남들이 가진 특별한 능력으로만 생각한다. 오늘만 생각하는 사람은 다가올 미래의 불안에 더디기 마련이고, 결과를 극단적으로 예측하게 되어 주저앉아 버린다. 미래가 없는 오늘만큼 잔인한 일은 없다. 스스로 나를 들여다 볼 시간이 없었던 것들이 오늘의 우리를 만들어 왔다. 공부를 잘해야 한다는 전제하에 학교에서의 경쟁으로 나머지 시간들을 보냈다. 10대의 교육과정을 지나면서 10대의 생각으로 어른이 되어버린 것이다.

처음부터 미래를 예측하는 시각이 틀릴 수밖에 없었던 것은 스스로에게 어떻게 살 것인지, 진정 원하는 것이 무엇인지 질문하지 않았기 때문이다. 미래를 걱정하기에 현실이 불안한 것은 당연한 이야기이다. 돈과 꿈을 선택하라면 많은 이들은 돈이 우선이다. 돈을 벌어도 해결해야 할 현실이 산더미라서 겨를이 없다고 말할지도 모른다. 현실만 탓하기에 도전하지 않은 오늘보다 1년 뒤, 3년 뒤는 더 도전할 수 없는 현실에 처하게 될 것이다.

매년 똑같은 계획을 세우는 사람들이 있다. 다이어트를 해야지, 올해 책을 몇 권 읽어야지 등 매번 다짐하지만 지금 아니어도 할 수 있다는 생각에 미루게 된다. 매번 생각에 그치더라도 당연히 마음먹었던 무언가를 물에 녹아버리는 달콤한 솜사탕처럼 절대 마음에서 흘려보내지 말자.

마음에 품고 있으면 간사한 마음이 왔다 갔다 하겠지만 이루어야 할 나의 꿈은 꼭 이루어진다. 나는 공기업 계약직이라는 자리에서 무엇이든 배우려고 하고 늘 생각해야 한다. 일을 할 때는 필요한 것은 하루에 대한 목표지만 인생에도 목표가 필요하다.

성공을 위해서 모방은 좋지만 모방 이전에 이유를 제대로 알아야 한다. 물음표를 결국 물음표로 마치게 되면 어느 누구를 위한 배움도 되지 못한다. 입시의 경우 성적에 맞는 학교를 학과를 선택함에 있어서 자의반 타의반 학과를 선택해왔다. 자율성보다 반강제인 것이다. 무의식속에 불안한 내면을 인지하지만 받아들이지 못한다.

대개 인생에 대한 고민은 언제든 스스로 자주 해야 했다. 그러면 하고 있는 일과 앞으로의 미래에서 자신을 깨닫고 발견해야만 한다. 주어진 환경에서 일을 잘하는 것이 잘산 인생이라도 내일에 대한 기대가 없다면 발전할 수 없다. 늘 하는 일은 식상하기 마련이다.

다행히 10대에 나는 무엇을 좋아하는 사람인지, 어떻게 살아야 하는

지 고민을 했기 때문에 시시각각 다른 도전을 할 수 있게 되었다. 도전의 의미는 두려움도 있지만 기대도 있었다. 성공하는 순간마다 새로운 나의 길이 만들어진다는 생각과 하나의 성공에 다른 하나가 더하면 나는 다재다능한 사람이 된다는 생각에 늘 도전이 기대가 설렌다. 두려움도 있었지만 스스로에 대한 확신이 없다면 남들 또한 인정해 주지 않는다는 것도 알고 알았다.

＊ ＊ ＊

자기자리에서 할 수 있는 조언들은 다양하다. 나의 경우 주변사람들과 꿈을 나누고 이야기하는 것을 좋아한다. 꿈은 꿈일 뿐이라는 현실적인 대답에서 대부분 앞날의 고민을 해결하려 하지 않는다. 일을 이야기할 때에도, 연애를 이야기할 때에도 그럭저럭한 현실을 받아들이며 살기 때문에 어쩌면 답은 보이지 않는 것이 당연하다.

내가 생각하는 꿈이라고 모두가 박수쳐주지는 않는다. 나보다 나를 더 걱정해주는 이들이 있지만 내가 그 꿈을 실현시키기까지 많은 사람들의 이해관계도 필요하다. 20대 후반이 되어서도 계속 공부를 하겠다는 나는 부모님에게 제때 결혼은 하겠냐는 걱정을 안겨주었고, 친구들은 이기적일 정도로 자기계발을 한다는 생각과 동시에 결코 흔하지 않기에 저축은 하고 있는지, 졸업 후에 어떤 일을 할 것인지 물어보며 걱정하기도 한다. 미련하게도 꿈만 좇아온 나에게 결혼이나 인생에 대해 이야기해주는 친구들이 있다. 물리적으로 나보다 잘난 것들이 많은 이들임에도 돌아오는 조언은 비관적이다. 20대 초반의 고민은 언제까지 의문 속에서 앞길을 걸어가야 하는 것이었지만 지금은 점점 확신으로 가득 찼다. 미련해 보일 정도로 하고 싶은 것이 많지만 내 계획이 틀리지 않았고, 이런 계획으로 나만의 길을 만들기 위해서라도 확신으로 나를 세워야 한다.

실패할 수 있다. 어쩌면 출발점부터 많이 모자라서, 늘 돈은 해결되지 않은 문제여서 당장 먹고사는 것만 생각할 수도 있었다. 대학교에 다닐 때는 디자인을 잘해서 1 : 300의 경쟁률을 뚫고 당당히 1등도 했지만, 인테리어 디자이너로 일할 때는 반복적으로 해야 하는 일들이 창조성을 잃게 했고 뛰는 가슴을 무던히 만들었다. 아이러니하게도 분명 좋아하던 디자인 공부였는데 실무를 해보니 적성에 안 맞을 수도 있다는 이야기다.

공부와 일은 엄연히 달랐고 공부할 때만큼 즐겁지가 않았다. 업무 환경도 지쳐 도면을 그릴 때도 실수가 잦았다. 결국 창의적인 디자인은 앞서더라도 툴을 다루어야 하는 일은 내 적성이 아님을 깨달았다. 막연히 디자이너를 꿈꾸었지만 그것은 내가 그리던 직업으로 연결되지 못했다.

대학원에 들어가 수업을 하고 논문을 쓸 때, 프로젝트를 할 때는 밤을 새거나, 버스 막차가 끊길 때까지 연구에 몰두했다. 연구라는 것은 기본적으로 남들이 생각하지 못하는 것을 생각하며 시작된다. 단순한 논리가 아닌 방법론으로 접근하여 문제를 증명하고 해결 방안을 제시하는 것이다. 내가 연구직을 선택한 이유는 실무나 연구직 둘 중에 적합한 나의 길을 찾는 과정이었다. 헛된 과거란 없다. 과거와 환경 때문에 도전하지 못한다면 더 이상 희생은 하지 않겠다는 자기방어적인 표현밖에 안 된다.

무엇이든 꿈꿀 수 있는 지금보다 좋은 날은 없다. 물론 현실에 만족하며 사는 사람들은 꿈꾸지 않는다고 해서 불이익은 없다. 하지만 안 좋은 사회 변화의 파장은 같이 받게 된다. 환경을 지배받는 것도 자신이며 변화시키는 것도 자신이다. 인생의 변화라는 선물을 줄 수 있는 사람은 부모님과 환경이 아닌 바로 나다. 그리고 오늘의 월급이나 현실이 나의 가치가 될 수 없다.

혹시 그대가 할 수 있는 일이 없다고 주저하는가? 할 수 있는 일이 없다고 생각하는 현실보다 생각이 그대를 더 속박하고 있다. 행동할 기회는 마음에서 시작된다. 부디 그 결과가 성공적이지 않더라도 행동의 변화부터 해낸 일이 되는 것이다.

상황 탓으로 어쩔 수 없는 현실을 말하면서 부정으로 회피하려 하는 것은 능력을 만드는 것을 스스로 제어한다. 물 컵이 쏟아졌을 때 바라보는 사람과 닦는 사람, 어쩔 수 없을 때 바라보는 사람과 처리하는 사람이다.

헬렌 켈러는 '인간의 성격은 편안한 생활 속에서는 발전할 수 없다. 시련과 고생을 통해서 인간의 정신은 단련되고 또한 어떤 일을 똑똑히 판단할 수 있는 힘이 길러지며 더욱 큰 야망을 품고 그것을 성공시킬 수 있는 것이다.'라고 이야기한다. 미래를 기대하며 사는 것은 기쁨이 되더라도 시련이 되더라도 한계에 부딪히지 않는 지혜가 되어 창조로 발전할 것이다.

잠시 힘이 들면 마침표 대신 쉼표를 찍자. 미리 마침표를 찍으면 인생의 시합은 종료다. '끝날 때까지 끝난 게 아니다.'라는 말처럼 현재의 내 모습이 미래의 내 모습일 필요가 절대 없다. 혹시 마침표를 찍은 그대라면 '다음에는'이라는 수식어를 붙여주면 어떨까? 그렇게 그러나가는 것이다. 현실은 바꿀 수 없지만 마음가짐에 따라 미래를 바꿀 수 있다. 절대로 만족스럽지 못한 오늘을 그대로 두지 말자.

꿈꾸고, 꿈꾸고, 또 꿈꿔라

겨울이지만 햇살이 따사롭게 들이 비치던 날, 커피를 유난히도 좋아하는 김신미 작가와 이야기를 나누고 있었다. 그녀는 '나도 가끔은 위로받고 싶다'의 저자이다.

"20대가 꿈을 말하면 모두들 '패기'있다고 칭찬하고 격려해 줘요. 30대가 꿈을 이야기할 땐 열정이 넘친다고 말해주죠. 40대가 꿈을 좇는다고 말하면 삶에 여유가 많은가 보다 하고 부러워하면서 내심 그 도전과 용기에 박수를 보내요. 하지만 50대에 꿈을 찾는 사람들에게는 돈 많고 팔자가 편하니까 꿈을 운운하고 빈정댄답니다."

커피 한 모금을 행복한 얼굴로 마시며 농담처럼 툭 던진 그녀의 말을 듣고 호탕하게 웃고 있는 그녀와 달리 순간 멍해졌다.

불혹의 끝자락을 지니고 있는 그녀는 소위 '엄친딸'이라고 불릴 만큼 예쁘고 똑똑하게 자녀를 키워 특목고에 보냈고, 현재는 영어 학원을 운영하고 있다. 사회적으로나 경제적으로 명성을 누릴 만큼 멋지게 사는 그녀에게서 끊임없는 꿈의 이야기를 듣고 잊자니 20년 나이 차이가 무색하게 안정적인 중년으로만 생각했던 그녀의 꿈이 순간 궁금해졌다.

"작가님. 제가 봤을 때 지금 사회적으로 너무 부러운 위치에 올라 있고 사람들의 말처럼 정말 걱정 없어 보이고 편해 보이는데요. 작가님의 꿈은 뭐예요?"

"나도 내가 이렇게 빨리 내 나이가 될지 몰랐어요. 공자님이 40대는 불혹이요, 50대는 하늘의 뜻을 안다는 '지(知)천(天)명(命)'이라고 말한 것을 이제는 실천하며 살고 싶어요. 태어날 땐 순서가 있지만 하늘에서 부르면 바로 가야 되니 얼마 남지 않은 시간을 꿈을 찾아 이루는 데 더 집중해야지요. 그래서 더 꿈꾸고, 더 공부해서 꿈이 또 꿈을 키우도록 노력하는 게 제가 하나님과 약속한 꿈이자 소망이에요."

헬렌 켈러의 스승 앤 설리반의 삶에 감동하여 교육자의 길을 걸어왔다는 그녀는 청춘들의 드림멘토Dream-mentor로서 꿈을 응원하는 책을 쓰고 있다. 오프라 윈프리와 브라이언 트레이시처럼 강연을 통해 청소년들의 꿈과 도전을 응원하는 동기부여가 역할을 죽는 날까지 하는 것이 그녀의 진정한 지천명이자 소명이라 말하는 그녀의 눈빛은 설렘과 확신에 찬 '꿈빛'으로 반짝이고 있었다.

* * *

한참 꿈꾸는 20대의 나는 동년배들에게 도전에 대한 우려의 시선과 부러움을 동시에 받는다. 반면 윗사람들에게는 열렬한 칭찬과 뜨거운 응원을 받는다는 것에서 꿈은 일찍 꾸는 것일수록 자유롭다는 것을 알게 되었다. 지금 꿈꿀 수 있는 순간이 어른에게는 너무 아름다운 것이다.

하지만 연령이 높아질수록 책임질 것들이 많아지는 것 때문일까? 꿈은커녕 '현실을 직시하라.'는 듯한 비난의 시선을 감당하는 것은 꿈의 옵션처럼 여겨진다. 나이를 막론하고 꿈은 소중한 것이라는 생각에 남들의 시선을 이해할 수 없었다. 한편으로는 시간이 갈수록 꿈은 도전하기보다 더 귀해지는 것과 현실에 순응할 수밖에 없는 현실이 떠올랐다.

* * *

한해를 마무리하는 대학원 송년모임의 시간을 가졌다. 돌아보니 연구원이라는 직업으로 보냈던 한 해가, 도전하고 있는 한 해가 참 의미 있었다. 어떻게 살 것인지의 고민에 끊임없이 질문하고 답하는 시간들이었다. 연구실 식구 중 여성들의 선망의 대상이 되곤 했던 커리어우먼 선배에게서 현재 일을 쉬고 있다는 이야기를 들었다. 일을 워낙 잘했었던 선배여서 적지 않게 놀랐다. 늘 밝았던 모습에서 조금은 어두워 보였다. 그 선배는 발표하면서 "자신을 돌아보는 한 해가 되었고, 생각해보면 인생의 버킷리스트라는 것을 한 번도 해본 적이 없었다."고 말했다.

사회적 위치를 막론하고 꿈은 누구에게나 이루지 못한 것에 대한 갈망이 된다. 일을 위해 달려온 시간은 주변인들에게 많은 인정을 얻었지만, 균형 있는 삶은 아니었다는 생각이 들었다. 나보다 한참 위의 범접할 수 없는 선배를 위로해주고 싶었다.

* * *

최근 들어 40대도 영포티Young Forty라는 신조어가 등장할 만큼 허식보다 행복을 추구하는 사람들이 늘고 있다. 일상에 얽매일수록 행복을 결정하기 어려워진 시대이다. 하지만 인생의 목적은 일이 아니라 행복이다. 행복은 허황되지도 복잡하지도 않다. 사랑하는 사람과 즐거운 시간을 보내는 것. 이것이 사회가 주는 성공보다 더 어려운 시대이다.

예전 X세대, 베이비붐 세대들은 사회와 가정의 역할에 충실히 해 사회의 급속한 발전을 이루었지만 현재는 그 발전된 사회 속에서 오히려 더 힘겨워하고 있다. 이미 주변의 인식들은 '꿈'이라는 것은 시기마다 느끼는 바가 다르기 때문이다.

시간이 없어서
시간이 없어서 못 한 것들을 돌이켜보면
시간이 있어도 못 했던 것들이 되어버렸다.
시간이 없어서 만나지 못한 사람들을 떠올리면
시간이 있어도 만나지 못하는 사이가 되어버렸다.
'시간이 없어서'란 핑계로 세수를 대충 했다가
없는 시간을 쪼개 이마에 난 여드름을 짠다.
'시간이 없어서'
참 고약한 말이다.
— 우근철, 그래도 괜찮아

혹시 간직하고 실행하지 못한 꿈이 있다면 나중엔 후회의 메아리가 되어 돌아올 것이다. 시간이 흘러 하지 못했던 것들을 핑계로 남기기보다 하고 싶은 것을 당장 부딪쳐보는 것이 지금 당장을 위해서가 아니라 미래를 위해서이다.

종종 주변에서 나에게 꿈에 관하여 물어본다. 질문은 다양하다. 하고 싶은 것이 있는데 시작을 못 하겠다. 무엇을 하고 싶은데 현실이 녹록치 않다. 그것을 하면 얻게 되는 것과 잃게 되는 것이 두렵다.

하지만 난 질문에 반문하고 싶다. 어찌 됐던 간에 마음이 시키는 것은 해보고 스스로 답을 내릴 것이기 때문이다. 핑계로 남겨두기보다 실행하다 보면 난관에 부딪힌다. 그것을 직접 깨달으면 핑계는 사라지기 때문이다. 이것은 현실의 상황에 따라 무관하다. 직접 스스로 깨닫고 현실을 마주하는 것과 해보지 못한 것은 체감도 못 할 상황을 상상에 머무르는 것밖에 안 되는 꼴이다. 자신이 처한 상황보다 남이 우월해 보이는 효과가 있다. 그러면 해보지 않은 것들은 무조건 긍정이라는 위험한 생각의 오류를 가져오게 될 것이다.

* * *

회식 도중에 같이 연구하는 회사 대표는 사장으로서의 직장 안의 현실을 토로했다. 회사 직원이 60여 명쯤 되는 회사의 대표이다. 그는 학식으로나 회사의 성장으로나 이미 최고의 반열에 올랐지만 여전히 그가 해결해야 할 과제는 '꿈'이었다. 이미 제품은 국내에서 너무 호응적이고, 해외와 활발히 교류하고 있다. 쉽게 말하면 제품만 팔아먹고 사는데 지장이 없다는 것이다. 그런데 대표님은 회식자리에서 이렇게 말했다.

"회사 직원이 60여 명인데, 회사에 이익을 창출하기보다 제품개발에만 몰두하는 직원이 12명가량이다. 그래서 현재 이익이 남지 않는다.

그것보다 더 큰 문제는 직원 내의 불화도 심심치 않게 듣는다는 것이
다. 열심히 이익을 창출하는 직원은 미친 듯이 일하는데 개발의 이유
로 되는지 안 되는지 모르는 것을 붙들고 있자니 불만이다.”

대표가 회사의 이익을 저버리고 직원들의 알게 모르게 일어나는 불
화에도 개발팀을 위한 것은 어쩌면 본인의 꿈이라는 것일지 모른다는
생각이 들었다. 현실을 안주하고 취업만을 목적으로 회사에 입사했다
면 더 크게 와 닿을 것이다.

* * *

이처럼 꿈은 가진 거라곤 꿈밖에 없는 사람들에게도, 사회에서 성공
한 사람들에게도 여전히 뭉클한 것이다. 개인과 단체와 사회가 변할 수
있는 가장 큰 이유는 무엇이든 꿈꾼 것을 시도했기 때문이다. 그 꿈은
행동했을 때 바로 보이기도 하지만 시간이 흐를수록 계속 의문만 남긴
채 왔다가 사라지는 것일 수도 있다. 하지만 우리의 마음속에 간직했던
생각의 그림을 종이에 그려내야만 한다.

꿈은 스케치와 같이 그리고 지우고 그리고 지우는 과정을 반복해야
만 생각의 원하는 것을 정확히 그릴 수 있다. 틀리면 다시 지우고 돌아
가면 되는 것이다. 돌아가면 어떤가. 다시 같은 실수를 안 한 배움이 왔
는데.

그러니 마음껏 그리고 지워도 괜찮다. 별을 그리다가 마음에 안 들면
꽃으로 그리고 꽃이 예뻐서 주위에 나비와 구름을 같이 그리는 것처럼
그려야만 멋진 인생의 그림을 남길 수 있다. 수채화 물감에서 매직까지
모든 생각들은 나의 멋진 도구들이 될 것이다.

꿈은 스케치와 같이 그리고 지우고 그리고 지우는 과정을
반복해야만 생각의 원하는 것을 정확히 그릴 수 있다.
틀리면 다시 지우고 돌아가면 되는 것이다.

꿈이 당신의 미래를 창조하게 하라

이제 나의 친구들은 더 이상 우리가 사랑했던

동화 속의 주인공들을 이야기하지 않는다

고흐의 불꽃같은 삶도, 니체의 상처 입은 분노도

스스로의 현실엔 더 이상 도움 될 것이 없다 말한다

전망 좋은 직장과 가족 안에서의 안정과

은행 구좌의 잔고 액수가 모든 가치의 척도인가

돈, 큰 집, 빠른 차, 여자, 명성, 사회적 지위

그런 것들에 과연 우리의 행복이 있을까

나만 혼자 뒤떨어져 다른 곳으로 가는 걸까

가끔씩은 불안한 맘도 없진 않지만

걱정스런 눈빛으로 날 바라보는 친구여,

1992년 발매된 신해철 '나에게 쓰는 편지'에서 그 시절의 꿈이 무엇이었나 생각하며 한동안 빠져 들었다. 우리는 언제부터 희망을 말하지 않게 되었을까? '직업'이라는 이해가 자리 잡지도 않았던 초등학생 시절에는 무수히 많은 꿈을 간직하지만 좀처럼 꿈은 감을 잡기 어렵다.

'꿈'이라는 대화 자체가 민감한 급여를 드러내듯 민감한 대화주제로 자리 잡았다. 꿈을 마음껏 이야기하지 못하는 것, 확신에 찬 이야기 거리가 없다는 것이 상상력의 뇌를 닫아버린 것 같아서 못내 아쉽기만 하다. 밤새 이야기해도 늘 설레는 연애이야기처럼 꿈을 이야기하면 지금보다 더 나은 희망이 기다리고 있을 텐데.

＊ ＊ ＊

운명으로 인생의 타고난 스토리를 기대할 수 없다. 위인으로 타고난 운명이 있다고 해도 행동이 뒷받침되지 않으면 오히려 마이너스가 된다. 고졸, 초대졸, 대졸, 석사, 박사 많은 교육과정이 존재하지만 자신이 생각하는 현재를 졸업했다면, 더 이상 학업을 바라지 않는다면 이제 진짜 인생 공부를 시작해야 한다. 학업 과정에서 창의적인 시도를 해보았다면 지금부터 내가 생각하는 것들로만 채워져야 한다.

성공적인 꿈을 꾸는 사람, 적당한 꿈을 꾸는 사람, 처음부터 안 된다고 생각하는 사람이 있다. 우리는 많은 정보들에 의해 울고 웃기도 하고 체감하게 된다. 하지만 불필요한 정보가 너무 많은 요즘 그 정보들이 마치 자신의 가치관을 합리화시키기도 한다. 넘쳐나는 정보를 활용할 줄 아는 사람, 자신의 것만 구분하여 볼 수 있는 지혜가 필요하다.

우리가 일을 하는 것, 친구를 만나는 것, 다양한 공동체에서 생활하는 것, 연애를 하는 것 모든 것은 행복이 우선되어야 한다. 늘 행복할 수 없다면 적어도 억지로는 하지 말아야 한다. 우리가 제일 어려우면서도 의무적으로 시간을 보내야 하는 '일'이 즐겁지 않으면, 그 어려운 마음을 가족에게 친구에게 토로하면서 싫은 감정을 전가하기 쉽다.

* * *

꼭 해야 하는 일은 세상을 살아가는 소명이 아닌 이상 존재하지 않는다. 사랑하지 않은 일을 소명으로 착각할 정도이다. 학교가 마음에 들지 않는다고 불평을 해대고서 열심히 하지 않는 행위, 일은 마음에 들지 않으면서 월급 때문에 어쩔 수 없이 회사를 연명하면 딱 그만큼만 성장하게 되어 있다.

지금 행복하지 않다면 적어도 행복해지기 위해서 노력해야 한다. 당장 일을 그만둔다고 행복을 기대하기는 어렵다. 물리적인 변화에 따라 심리적 변화로 이어지는 것은 아니기 때문이다. 우리가 꿈을 꾸기 어려운 이유, 미래를 창조하지 못하는 이유는 근본적인 미래에 대한 생각을 하지 못했기 때문이다. 창조는 자그마한 생각의 변화에서 시작한다.

3년 후를 떠올려 보자. 하고 싶고 되고 싶은 것을 3년 뒤에도 이룰 수 없다고 생각해보자. 지금 피아노를 못 친다고 해서 3년 후에도 피아노를 못 치는 것일까? 당장 계획이라도 세워야 한다. 미래의 변화에 생각하지 않으면 흐르는 사회에 끌려가는 것은 물론이며 도태된다. 답은 내 안에 있다.

'박효은'이라는 사람으로 태어나서 나만의 각본이 있다. 물론 내 인생의 각본의 배경에는 우리 가족도 등장하고, 나의 성격, 학위, 오늘 모든 것들로 구성되어 있다. 리셋은 불가능하지만 각색은 얼마든지 할 수 있다. 여기서 중요한 것은 이 각본의 주 저자는 바로 나다. 하고 싶은 대로 가중치를 설정하여 변경할 수 있다.

물론 각본 없는 드라마처럼 현실에서 짜릿한 성공을 꿈꾸는 사람들은 많지만 원하는 성공을 가지지 못할 확률이 크다. 왜냐하면 그들의 각본은 아무 노력이 없으며 요행을 바라는 마음만 가득하기 때문이다. 각색의 장점은 내 생각을 주입시킬 수 있다. 나는 이 책을 쓰면서도 어떤 내용을 담을지 매 순간 고민한다. 진심만 담겼으면 좋겠고 이 진심이 읽는 이의 또 다른 창조점이 되기를 간절히 바란다. 지금도 적었다 지웠다 수십 번을 반복하는 것은 완벽한 글은 아니지만 적어도 이전보다는 나은 글로 마음을 전달하고 싶기 때문이다.

내 인생을 조정할 수 있다는 것, 내 가치를 조금 더 크게 설정할 수 있다는 것을 아는 사람만이 성공으로 가는 길에 이를 수 있다. 회사에서 주는 월급이 나의 가치라고 측정하지 말자. 상황이 힘들다고 행복하지 않을 권리는 없다. 인생의 각본을 내 손에 쥐고 있는데 저절로 하기 싫은 일을 자처하는 사람은 없을 것이다.

인생의 행복의 논리는 제법 간단하다. 내가 하기 싫은 일을 안 하는 것, 지금 하기 싫은 일에 쏟는 열정을 내가 하고 싶은 일에 쏟는 것이다. 20대는 절대 큰 성공과 실패는 없다. 그렇기 때문에 노력은 절대적으로 중요하다. 무슨 일을 좋아하고 주안점을 두든 간에 최선을 다하는 마음가짐이 필요하다. 지금 당장 노력을 하지 않고 편안함만 추구하다 보면 '도전'의 행위에 주저하게 된다. 생각해보면 가장 도전하기 쉬운 것이 지금이다. 실패해도 젊은 것이 있고, 실수를 하더라도 배울 수 있는 젊음이 있기 때문이다.

분명한 것은 오늘이 힘든 것은 좋은 것이다. 생활 여력이 늘 부족했고, 공부 이야기하면 식은땀부터 났지만 꾸준히 제일 잘한 것이 공부였다. 지금 처한 상황을 현재로 바라보면 힘이 들지만 거인의 모습으로 바라보면서 해결방법이 보이기 마련이다. 실패는 돈 주고도 배울 수 없는 인생수업이기 때문에 절대 힘이 든다고 도망가지 말자.

* * *

이제는 상황보다 마음의 자석 성질을 바꾸어야 한다. 공부에 대한 결핍이 컸던 나는 공부를 늘 마음에 새겼다. 그리고 주위에 말하고 다녔다. 공부를 잘하고 싶다는 심리는 결국 내 마음의 결핍이었다.

남들이 인정하는 '사'자의 직업은 좋은 직업이지만 향후 10년 20년 뒤에도 제일 좋은 직업은 아니다. 이미 유망 직업은 빠르게 변화하고 있고 새롭게 창조하는 것에 적응하는 것만이 미래에 맞서는 힘이다. 학력은 계속 늘어나면서 이제는 대체할 수 없는 '지식창조사회'로 변하는 것이다. 지식은 학력이 아니다. 나만의 생각이다. 4년 배운 것으로 평생직장을 가진다는 생각 자체가 오류이다. 오류보다 스스로 단정 짓는 한계가 더 클 수도 있다. 지금 하는 일보다 더 나에게 맞는 내가 미

　　　　　　　　/ 나답게 뜨겁게 화려하게

칠 일이 어딘가에 존재하기 때문이다.

직업 컨설턴트 장도훈 씨는 예전에 "Dreamer는 '자신의 목표를 향해 꿈을 꾸는 사람이고', Imaginer는 '강력한 사상의 힘으로 미래의 가치를 현실의 성공으로 이끌어내는 창조적 능력을 지닌 사람'이다."라고 말했다. 우리 각자에게 어떠한 성공의 의지와 방법이 있는지 짚고 넘어가자는 것이다. 모든 것은 인생의 운보다 원인이다. 원인을 제대로 알고 결과를 확신할 때 에너지는 두 배가 된다.

사람들의 희망의 증거가 되어라

여자 나이 스물여덟. 아직도 계약직인 걸 보면 달려가야 할 길이 멀었다. 연구원이라는 직업은 특성상 정식직원이 되기 위한 조건으로 박사 학위가 필수이다. 박사 학위를 가졌다고 해서 결코 만만하게 볼 수 없는 공기업이다. 국내·외에서 열심히 공부한 사람들이 치열하게 경쟁해야 들어올 수 있기에 지금의 순간에서 경험은 큰 자산이 된다.

지금 연구를 책임져 이끌어나가는 주체적인 위치는 아니지만 중간 계약직 위치에서 국가 연구를 참여할 수 있다는 점에서 지금 할 수 있는 최고의 경험이라 확신한다. 항상 단계와 단계 사이에 거치는 과정을 좋아한다. 대학에서 대학원을 가기로 결심한 사이에 일을 한 것도 더 공부를 잘하기 위해서였고 지금도 마찬가지이다. 바로 공부를 할 수도 있었지만 그 여백의 날들은 나를 더 단단하게 만들어주는 유지기로 자리 잡을 것이다.

✻ ✻ ✻

공기업에 들어가자마자 주변에서 많이 질문한다.

"정식 직원이야? 계약직? 1년?"등이었다. 이것 또한 징검다리 역할을 하는 곳이었기에 계약직도 개의치 않았다. 오히려 혹 정식 직원으로 채용해 줄 테니 계속 근무하겠느냐는 제안을 받더라도 나는 NO를 외칠 것이다. 취업=인생의 안정이라는 공식은 성립되지 않는다. 이루어야 할 꿈이 있기 때문에 현실에 안주할 수 없다.

이쯤에서 '나는 잘살고 있나? 제대로 가고 있는가?'를 질문하더라도 Yes라고 말할 수 있는 이유는 다양한 비슷한 업종들의 경험은 무엇이든 연결할 수 있다는 것이다. 20대의 상당수를 무모할 만큼 앞날을 위해 달려온 보상이다. 하나만 일하기에도 바쁜 시대에 고를 수 있는 것이 좋은 팔자라고 여유 부린다고 생각할 수도 있겠지만 지난날의 훈장과도 같다.

✻ ✻ ✻

남들처럼 똑똑해 보이고 당당해지기 위해서 들어간 대학원에서 연구의 적성을 당장 찾은 것 같은 순간은 힘들어도 웃으며 지낼 수 있는 이유였다. 사람은 누구나 결핍이 있다. 나의 결핍은 공부였고 부가적인 스펙은 없지만 학문에 집중한 학점과 상장이 나의 대학원 시절을 대변해 주었다. 빨리 안정적인 학자가 되려면 당장 진학하는 것이 유리하다.

대학졸업 당시 학자금을 갚다가 대학원에 진학하여 공부를 유지했던 나는 졸업의 순간 또다시 학비와 생활비를 고민하게 되었다. 지방대에서 국립대까지 왔다면 이제는 국립대에서 명문대를 준비하고 싶었다. 주변의 우려도 끊임없이 들려왔다. 다행히도 그들의 말이 하나도 들어오지 않았던 이유는 나는 해낼 것이라는 다짐이 있었기 때문이다.

평소 경제관념이 부족해 공부를 열심히 하면 좋은날이 올 것이다, 빨리 보상을 받을 것이라는 편협적인 생각으로 정도를 걸었다. 부의 욕심이 없었다. 못 벌어도 할 수 있는 공부를 하는 것이 행복했기 때문이다. 이제는 마냥 행복할 수 없는 것은 학비와 생활비에 대한 고민이었다. 남들은 보내줘도 안 가는 학교를 나는 계속 가겠다고 하고 있으니 부모님도 기쁘지만 내심 걱정이 많으셨을 것이다. 뒷바라지할 여력이 안 되는 걸 나도 알고 있었고 손벌려가며 공부하고 싶지도 않았다.

스스로 돈을 벌어 공부를 시작해야 했기에 잠시나마 꿈이 뒤로 밀렸지만, 이 모든 과정이 꿈을 이루어가는 과정임을 알고 있다. 35~36세 안에 박사 학위를 취득하겠다는 대학교 4학년 때의 다짐이 있었기에 그 안에 이루는 것들은 모두 자기 발전적이었다. 어떤 시련이 닥쳐도 흔들리지 않는 꿈이 있기에 무슨 일이든 밀어 붙일 수 있을 것 같다.

* * *

명문대 박사라는 구체적인 꿈을 이루면 나에게 어떤 변화가 생길까?

처음부터 명문대 박사라는 꿈을 가지지 않았다. 작은 도전들이 모여 오늘날의 나를 만든 것이다. 하루아침에 이룰 수 없는 것이 지금 나의 모습이기 때문에 모든 일은 가슴 뛰는 일로 시작해야 한다. 작은 꿈이 모여 큰 나를 만드는 것과 작은 돈이 모아 종잣돈이 되는 것이다.

새로운 해가 뜨는 2016년이다. 여자 나이 스물여덟. 결정의 자유들로 오늘을 달려왔다. 무난히 학위를 받고 사회생활을 하면서 남들처럼 비교적 적당히 흘러온 오늘이다. 나의 20대 계획은 비교적 단순했다. 대학교 졸업할 때쯤 세운 나의 계획에서 20대에는 직장생활과 석사학위만 마무리하자는 것이었다. 목표 중에 결혼과 아이도 있었지만 그 당시에는 가정을 일찍 이루어야 균형 잡힌 성장을 이룰 수 있다고 생각했다.

20살을 시작하던 봄에 나의 결핍에 대한 시작을 할 수 있었다. 평범한 것이 도전일 만큼 공부에 무지했다. 그런 시간들 뒤에는 그것을 통해 어떻게 살아야 하는지 고민을 안겨주었다. 나에게 끊임없이 질문했다. 요즘은 사람들과 이야기하면 할수록 어떻게 살 것에 대한 이야기가 어려워진 게 사실이다. 당장 눈앞의 것들이 나를 발목 잡는 것에 다음을 보지 못한다는 것이 늘 안타까울 뿐이다. 그러나 여태껏 달려온 질문에 답은 늘 일시적으로 작용할 뿐이었다. 어떻게 살 것인지 끊임없이 생각할수록 마음의 답은 정직하게 커졌기 때문이다.

처음 직장생활을 할 때는 등록금을 갚고 다시 공부를 해야 한다는 생각에 하루하루가 배움이자 버거움이었다. 다시 시작한 대학원에 다닐 때는 남들에게 뒤처지지 않아야 한다는 생각과 졸업 후 더 나은 삶을 살고 싶다는 생각들로 가득했다. 주변에서는 결혼을 논하고 그만하면 됐다는 위로들이 가득했지만 아직 펴지 못한 내 꿈을 말하기에 시간은 늘 기다려주지 않았다. 정답 없는 인생 속에 답은 내가 선택하는 것이다.

* * *

자꾸 끊임없이 도전하는 나를 보며 먼저 이야기를 걸어온다.

"요즘 같은 세상에 하고 싶은 일을 하고 사는 네가 부러워. 끊임없이 도전하는 너의 모습도 대단해. 사실 다 가졌는데 말이야. 자랑스럽다."

나는 다른 사람들보다 조금 더 주체적인 삶을 살았던 것이 다른 사람들에게 부러움의 대상이 되었다. 점점 친구들이 나에게 고민을 상담해오거나 나의 미래를 묻는 일이 잦아질 때면 나는 나 스스로 주변 사람들에게 더 좋은 사람이 되겠노라고 항상 다짐한다.

"나만의 삶을 살아."

늘 주변사람들에게 이야기한다. 남들이 책임져주지 않는 인생 우리에게는 나답게 살아갈 용기가 필요하다. 이토록 소중한 나만의 삶을 왜 시대의 조각에 맞추어가면서 행복을 밖에서 찾는지 안타까울 뿐이다. 대부분 사람들은 자기 자신에 대한 가치를 느끼지 못하면서 남의 가치는 매길 수 있다. 그럴 뿐더러 몹시 후한 점수를 주고 있다. 하지만 우리는 남의 가치를 보면서 감탄하고 감동받을 것이 아니라 나 스스로가 원하는 삶을 살아야 한다. 자기 가치를 진정 아는 사람만이 자신의 잠재력을 끌어올릴 수 있기 때문이다.

* * *

스스로 즐겁게 주도적으로 사는 사람은 목표의 크기가 남다르다. 단순히 먹고사는 목표였다면 모든 상황이 충분했을지도 모른다. 하지만 먹고사는 문제를 넘어 자기의 결핍을 깨트려야 평균 이상의 혜택을 누릴 수 있는 것도 인생이다. 조금 다른 생각 속에는 해내기 쉽지 않은 길로만 이루어져 있다. 하지만 멋지게 해낼 수 있다는 소중한 생각 하나면 충분히 세상의 모든 비슷한 이들에게 공감과 희망의 증거가 될 수 있다.

딱 지금 이 순간 내가 하고 있는 일에서 열정과 노력을 두 배로 투입하여 보라. 그 이전에 방향을 확실히 잡아야 자신감이 생긴다. 현실보다 무서운 사실은 지금 당장 편하자고 자신의 가치를 재정립하지 않으면, 시간과 능력을 더 벌어들이기 힘들다는 것이다.

* * *

'끌려갈 것인가, 이끌 것인가.'

앞에서 말한 것처럼 시도하지 않은 사람, 실패하지 않은 사람은 끌려갈 수밖에 없다. 앞날의 확신이 없기 때문이다. 이미 답은 내 앞에 있는데 생각하지 않아서 끌려가게 되는 알지만 실행이 어려운 이치를 깨트릴 때이다.

대기업에서는 현실보다 미래로 움직인다. 먼 미래를 움직이는 힘은 바로 내일처럼 생각하는 것이다. 내가 연구를 선택한 이유도 당장 오늘 문제를 해결하기보다 미래를 해결하면 더 큰 가치를 창조할 수 있다는 믿음 때문이다. 현재 청년들은 코앞에 닥친 등록금, 성적, 전셋값이 걱정이다. 해결해야 나중을 생각할 수 있도록 만들어진 현실이다.

예전부터 버킷리스트를 작성하며 이루어진 것들 때문에 이제는 더 큰 꿈으로 업데이트하고 있다. 희망의 진정한 의미를 나를 통해 깨닫도록 하는 것이다. 스스로 희망의 증거가 될 것이다. 지금은 멀게만 느껴지는 국내 최고의 공과대학에서 공부를 하겠다는 비전에 도전하고 있다. 주변 사람들은 권한다. 공부를 더 할 거면 해외로 나가라고. 하지만 세계 최고의 수준을 달하는 학교에서 충분히 역량을 펼칠 것이다. 더 나아가 학문뿐만 아니라 '나도 해냈는데 당신이 안 되는 법은 없다.'라는 강렬한 메시지를 전하고 싶다. 이루고자 하는 목표만 있다면 어느 누구든 안 되는 이유가 없다. 방법을 찾는 것에 집중하면 조금씩 성공으로 다가갈 것이다. 모든 평균점수를 높이기 위해 상황에 맞는 조절로 나를 단련한다. 매 순간 처음의 다짐을 잊지 않는 것, 결국 내 인생의 풍요로운 길이다.

기억하라, 그대의 미래는 눈부시게 아름답다

"여기 다니고 나중엔 뭐 할 거예요?"

"박사 공부를 하고 싶습니다."

지금 다니는 연구원 면접 때 받았던 제일 마지막 질문이었다.

20대의 돈 벌이의 목적은 공부하는 자금을 마련하는 것이었다. 다이렉트로 공부만 할 수 없었던 것도 공부를 하려면 늘 따라왔던 돈 문제였기 때문이다. 하지만 그 덕분에 실무라는 경험의 눈이 생겼다.

* * *

연구원을 처음부터 작정하고 온 것은 아니다. 대학원을 입학할 때부터 정해놓은 꿈이 아니라는 것이다.

"이 논문 읽어 봐. 도움 되겠네. 그리고 이런 곳도 있네? 한번 알아봐."

무심코 건네준 대학원 선배의 논문을 읽고 밑에 적혀 있는 회사 홈페이지를 접속했다. 지금 생각하면 내 미친 실행력이 인생의 길을 바꾸었다. 아니었으면 지금 설계사무소에서 경력타령을 하면서 도면을 그리고 있을지도 모른다. 동경하지만 적성에 맞지 않는 일을 하고 있을지도 모른다. 취업을 고민할 시기부터 석사라는 타이틀은 절대 학벌세탁이 될 수도 없고, 단기간의 성공은 가져다 줄 수 없음을 알았다. 입학 당시에는 요령이었을지도 모른다. 지방대를 나왔기 때문에 국립대라도 가면 조금은 알아줄까? 학사에서 석사로 넘어가면 조금은 남들이 나를 인정해줄까? 하지만 길이 선명해질수록 내 위치는 더욱 더 피라미 같은 존재로 선명해졌다.

박사도 있고, 박사 후 연구원도 있고, 교수들도 있는데 나 같은 연구로는 주름조차 잡지 못했다. 어딜 가나 경력은 존재하기 마련인데 1~2년에 불과한 자잘한 경력들이 덕지덕지 붙어 나만의 유니크한 모양새를 갖춰가고 있는 것이다.

* * *

앞날을 선명하게 그려서 갈 순 없지만 보이는 대로 가는 스타일이다. 가서 부딪쳐 보는 것이다. 창피함 없이 해보고 싶은 일은 무조건 해보는 것이다. 자잘하게나마 한계를 넘는 상상이 때론 필요하다. 늘 그래왔고 안 되는 이유보다 할 수 있는 방법을 찾다 보면 다 가지게 마련이다.

대학원을 들어와서 확고한 졸업 후 성공을 하겠다는 생각이 물거품으로 끝나버리고 다시 연구원에서 새로운 꿈을 찾아야 했다. 미래에 주안점을 두고 방법을 찾는다는 것이 국가의 중요한 연구들이 돌아가는

   / 나답게 뜨겁게 화려하게

것이 너무 신기했다. 이름을 걸고 연구한다는 것이 매우 매력적이었다. 생각한 것에 책임을 진다는 것. 뱉은 말에는 근거가 있어야 한다는 것에서 늘 책임을 마음에 새겼다.

무식만큼 용감했던 나는 하고 싶은 것만 골라 했다. 대학에서 했던 공부도, 연구도 결국 나에게 되는 것들이었다. 지금 하고 있는 일이 자신에게 얼마나 남는 것인지 알아야 한다. 보통 월급을 받으면 우리의 시간 노동에 대한 보상이다. 지금 당장 급여의 수준을 따지라는 것이 아니라 돈을 받는 것과 무관하게 실질적으로 도움이 되는 것이 있어야 한다. 그것이 성장의 발판이 되기 때문이다.

＊ ＊ ＊

대학교 때 교수님을 도왔던 연구보조 아르바이트는 돈도 벌고 책으로 고스란히 남아 있다. 인테리어 설계는 좋아했지만 실무에서는 꼭 맞는 적성은 아니라는 판단을 배웠다. 대학원에서는 논문으로 학계에 내 흔적을 남겼다.

그렇다면 이 모든 과정에서 이제는 결과를 내야만 한다. 답 없는 인생이기에 답을 내가 만들어야 하는데 이왕이면 제일 멋진 답을 내고 싶었다. 지금 내 위치는 내 스스로가 제일 잘 안다. 이것에 솔직해야 할 용기. 수준을 파악해야 할 진실한 마음으로 생각해야 한다. 아직 돈이 될 만한 기술은 없다. 하지만 이제는 결핍한 나를 불평하지 않는다. 불평할 시간에 해야 할 방법을 내 위치에서 제일 잘 알아야 한다.

＊ ＊ ＊

연구원에 있다고 주변에서는 공부를 마친 뒤에 연구원이 되길 원한다. 공기업 연구원은 평생 직업으로 안정적인 직장이라 모두 치켜세운다. 하지만 그 치열한 경쟁을 버티는 것 이상의 큰 꿈을 계획하면 분명 이룰 수 있을 것이라 확신한다. 빠르게 변화하는 시대에 맞출 수 있는 꿈을 가지길 바란다. 누군가 정해주는 길이 아닌 가야 할 길에서 꼭 맞는 눈을 가지길 바란다.

스스로 현재가 얼마나 불만족스러운지, 걱정이 얼마나 많은지는 잘 알 것이다. 현실에 희망이 없는 만큼 꿀 수 있는 꿈이 더 크다는 이야기다. 충분히 역전이 가능하다는 이야기다. 불만족스러운 현실에서 더 나은 미래는 절대 기대할 수 없다. 하지만 우리의 미래는 내가 책임져야 할 과제이며 우리는 충분히 행복할 권리가 있다. 미래를 걱정하면서 오늘을 노력하지 않는 이에게 행운의 신은 오지 않는다. 만족은 없지만 만족을 위해 달려가야 하며, 주위에 사소한 행복이라도 놓치지 말아야 한다.

나만 인생이 이렇게 힘들까? 이렇게 비참하고 처절할까? 하지만 힘들다고 이야기하는 사람은 힘든 증거 이유를 자꾸 찾는다. 처음엔 단순히 힘들다고 토로했다가 말하고 나니 한두 개가 아니다. 대화할 때 흥분하면서 더 극적으로 몰고 가면 답답했던 마음이 더 무거워진다.

나 역시 그랬다. 말할 수 없는 비밀도 있었고 부정하고 싶은 현실도 많았다. 그러나 남들과 이야기할 때에는 "괜찮아.", "별거 아니야~."로 이야기하며 속이 무너질 때도 있었지만 괜찮다고 이야기했다. 하지만 괜찮다고 말할수록 괜찮은 이유들을 계속 찾게 되었다. 매순간 긍정으로 채우면 희망은 빛으로 달려간다. 단지 환경과 현실은 스타트 선이다를 뿐이다.

내가 이 정도밖에 안되는 사람이야? 하고 늘 회의를 느낀다면, 그것은 당신의 적성이 아니다. 그 정도 이하의 노력을 했고 이하의 흥미가 있었다면 그것은 당신의 잘못이 아니다. 안 맞는 적성을 감당할 의무도 없다. 위기와 결핍을 극복하는 것은 쉽지만 안정을 극복하는 것은 쉽지 않다. 나를 위한 변명만 늘어놓으면 발 뻗고 자도 불편하다. 정직한 처세가 아니기 때문이다. 지금 처해 있는 불평을 피곤할 정도로 생각해야 한다.

* * *

미래가 두려웠기 때문에 답을 찾으려고 생각한 탓에 두통이 생기기도 했다. 그래도 외면할 수 없었던 것은 남들이 살아주지 않는 내 삶이기 때문이다. 여전히 결과는 없지만 희망은 있다. 오늘보다 내일이 더 나을 것이라는 희망. 내일은 오늘보다 조금 더 행복할 것이라는 희망. 그러기에 오늘 더 나를 사랑해야 한다는 생각이다. 내 마음인데 수시로 변덕을 부리는 탓에 종종 꿈을 잘못 해석하기도 한다.

모든 것을 잃더라도 자신과 한번 마주한다면 분명 잃은 것이 아니라 얻은 것이다. 변덕스러운 내 꿈도 실패가 아니라 나를 찾는 과정이다. 분명 도전에 실패한 것이, 아무것도 하지 않고 방관해왔던 오늘이 모두 잘못은 아니다. 충분히 바꿀 수 있는 길은 분명히 있다. 제발 단순히 한 번쯤 진심으로 받아들이길 바란다. 처음부터 너무 완벽한 계획과 꿈은 없다.

'실업계, 지방대 학사, 국립대 석사, 공기업 연구원'

스펙으로 평가받는 세상에서 계획한 것보다 더 나은 결과가 꾸준히 나를 격려해주고 채찍질해주었다. 현실은 늘 만족스럽지 못했고 이겨내야 할 상황들이 더 많음은 분명했다. 그렇다고 해서 현실을 돈벌이에 급급한 인생과 타협하기 아까울 정도로 스스로를 사랑하는 자아 하나만은 확실했다. 도전이 발전이 되었고 발전은 인정이 되었다. 가슴속 한편 못내 지우지 못했던 우려가 훈장으로 서서히 선명해진다. 모든 문제를 극복하는 것의 답은 내 안에 있다. 단언컨대 무엇이든 마음먹은 대로 환경은 변한다.

다양한 여정만큼이나 다양한 사람들을 만났다. 취업과 앞날을 고민하는 순간들마다 실업계 고등학교를 졸업할 때, 대학과 대학원을 졸업하면서 취업을 고민했던 순간들이 모여 다양한 관점으로 사회를 보았지만 취업의 불안정성은 어떠한 환경에도 나아지지 않았다.

돈을 벌 수 있다는 것은 사회의 일원으로 일을 수행할 수 있는 능력이다. 빚지고 졸업한 대학교 졸업 이후 100만 원가량의 월급을 받으면서 일을 할 수 있게 된 날 만감이 교차했다. 졸업을 했다고 해서 완전체의 사람으로 거듭나는 것보다 학교에서 해야 할 과제보다 해야 할 일들은 넘쳐났다.

학교만큼의 창의성을 발하지 못했다는 것은 조금 아쉬웠지만 꾸준히 배운다면 창조의 생각보다 창조의 사회를 기여한다는 것에 더 큰 미래를 그렸다. 4년제 대학이라고 해서 사회를 우습게 보는 시선은 틀렸고 내 위치를 확실히 인정할 수 있었다. 환상에 사로잡혀 적어도 얼마는 벌어야지라고 생각했던 것이 얼마나 우스운 자만이었는지 지금 생각하면 그때의 초년생의 내가 떠올라 웃음이 난다.

다행히도 원하건 원하지 않건 사회에서 배울 것은 넘쳐났고, 이제는 스스로 돈을 벌면서 원하는 꿈에 더 마음껏 다가설 수 있다. 숱한 아르바이트를 했지만 그것은 생활을 유지하기 위해, 혹은 용돈보다 조금 더 벌기 위한 보조적인 문제일 뿐 이제는 스스로 돈을 벌어 인생을 계획할 수 있게 되었다.

* * *

첫 월급을 받던 날, 대부분 부모님의 용돈과 주변 기대에 감사를 보답하는 선물들로 가득 찬 지출을 계획한다. 하지만 나는 내가 다니는 교회에 첫 월급 전부를 감사 헌금을 했다. 월급이 많지 않아서 헌금을 하는 순간에도 '4년제를 졸업하고 사회 시작 벌이는 이정도구나.'하고 내심 부끄러웠지만 나를 인정했다. 첫 번째 감사는 내 스스로에 대한 확신의 감사이다. 벌었던 만큼 더 벌 수 있을 것이고 더 멋진 미래를 계획할 수 있기를 바라는 마음이 컸다.

아직도 취업이나 직업의 선명한 답은 없지만, 그 답을 계속 찾아나가야 할 것 같다. 그러기 위해서 끊임없이 스스로 질문하고 단련해야 한다. 때로는 타인의 고민을 나의 시선으로 재해석해 보기도 했다. 유연한 사고 덕분일까 분명 나에게 맞는 길은 남들이 맞는다고 생각하는 답이 아니라, 많은 선택 속에서 내가 결정하고 행동하는 것임을 깨달았다.

여태껏 꿈을 찾았다면서 아직도 길을 모르겠느냐고 할 수도 있겠다. 이제는 꿈을 찾는 것이 아니라 마음먹은 대로 삶을 만들며 살아야 한다.

* * *

20살 넘은 순간부터는 부모님의 밑에서 나왔을 것이기 때문에 독립적인 생각이 필요하다. 언제나 프로라는 생각으로 공부와 일을 맞이해야 한다. 대학 교육을 지나 시간은 벌써 이만큼 흘렀고 현실은 나아졌음에도 꾸준히 나를 찾는 자기 공부가 필요하다.

어릴 적 꿈, 20살 이후의 꿈은 누구나 있다. 선명하고 구체적이지 않더라도 그려온 것이 있지만 사회 속에서 그 꿈을 망각하기 쉬워 서서히 꿈을 잊어버린다. 간간히 SNS에 꿈에 대한 고민을 올리면 누구에게나 공감이 되고 자극이 되었다. 지금 하는 생각들도 행동해야 내 것이 된다. 생각하는 것도 남이 이루는 순간 남이 이룬 꿈이 되어버리는 것이다. 꿈을 말하는 것조차 어려워진 순간에서 다짐으로 달려온 날이 이

  / 나답게 뜨겁게 화려하게

제 하나씩 내 선택이 틀리지 않았음을 보여준다.

맞고 틀림은 없다. 실패와 성공도 없다. 우리 인생은 저마다 디자인도 이야기도 다양하다. 하나의 그릇을 보았을 때도 어떤 이는 컵이라고 말하고, 어떤 이는 바구니라고 말한다. 하지만 어떤 것을 담느냐에 따라 그것은 컵이 되기도 하고, 바구니가 되기도 한다. 이처럼 인생도 저마다 들여다보면 다른 세상으로 가득 차 있다.

* * *

꿈과 연구의 공통점은 개발해야 한다는 것이다. 꿈과 연구는 비슷하다는 점에서 이 두 가지를 좋아하면서 잘하는 것 같다. 신념을 위해 달려온 미래를 위해서는 무던히 노력해야 한다. 아직 연구원이라는 나의 위치는 하나를 총괄하여 진행하는 것이 아닌 계약직이다. 아직 많이 배워야 할 것들로 넘친다. 나중의 꿈은 사회의 기여이지만, 기여하기 위해 아직은 배움을 많이 받아야 할 시기이다.

넉넉한 월급만큼이나 업무적으로 만나는 이들에게 배운 것이 많다. 꿈을 포기하는 사람들의 흔한 이유도 같은 길을 걸어가는 사람에게 배울 것이 없다는 회의감 때문이다. 하지만 이 시기가 필요한 이유는 내가 성장 후에 잘 나눠주기 위해서다. 나는 계약직 정도의 위치이지만 프로페셔널한 계약직이다. 배움과 도움을 받을 수 있을 때 많이 받아서 선한 꿈을 꾸는 부자가 되기를 꿈꾼다.

비서가 장관이 되는 과정처럼 우리는 이 시기를 지나야 한다. '누군가가 하겠지.' 하고 할 수 있는 게 없는 말단이기 때문에 중간 정도의 노력도 충분하다고 생각한다면 스스로 웃는 날이 적어질 것이다. 힘이

들어도 웃을 수 있는 마음이 성장이 된다.

모든 의문의 시작은 물음표이다. 하지만 그 답을 느낄 때 답은 맞는 것일 수도 있고 틀릴 수도 있다. 1차원은 물음표와 느낌표는 사이가 멀지만 결국 4차원으로 가면 같아진다. 결국 점으로 만나는 것이다. 꿈이 무언지 모르고 목적을 달려가는 이들의 길은 하나밖에 없다. 다른 환경을 꿈꾸지 못하고 달려가는 길에서 넘어지면 금세 바닥이 보인다. 성공과 실패의 기준이 극을 달린다는 것이다. 보통이 없다. 누구나 미래가 불확실한 미래가 다가오는 것은 예상할 것이다. 불행히도 불확실한 미래는 빠르게 오고 있다.

* * *

나의 20대는 참 힘들고 많이 흔들렸다. 청개구리처럼 선택의 길목에서 다른 길의 선택할 때면 그 길엔 홀로 내가 서 있었다. 그 시간을 견딜 수 있었던 힘은 잘될 것이라는 '희망'과 지금 이 순간은 '반드시 거쳐야 한다는 생각' 때문이었다. 우리들이 가지는 꿈은 단순히 추상적인 것이 아니다. 모든 예상치 못한 환경에서 다양한 변수에 적응할수록 강한 힘을 가지게 된다.

볼 수 없는 것에 대한 미래의 확신은 마음에서 비롯된다. 공부를 해본 적 없는 내가 공부 때문에 계산기로 등록금을 고민하는 시간은 내가 보지 못한 인생을 탐험하기 위한 준비의 시간이다. 오늘의 하루를 사소하게 스쳐 보낼 때가 있다. 당장 눈앞에 보이는 성과가 없기 때문에 소홀하지만 힘든 하루하루가 쌓이면 더 많은 것을 이룰 수 있는 마음을 가질 수 있게 된다.

달인은 반복적인 일상을 몇십 년 동안 실패와 반복 끝에 성공을 이룬 사람이다. 도전 앞에서만큼은 모두가 강자이다. 이제는 익숙하지만 많은 실패와 경험을 토대로 강함을 만들어 냈다.

하고 싶은 대로 산다는 각오와 책임이 따르면 죄가 되지 않는다. 작게는 1년 3개월 하루 단위로 세운 계획들은 모두 실현시켜 주었고, 남들이 보기엔 크고 작을 수도 있다. 하지만 스스로 체감한 행복은 누구보다 크다. 행복을 위해 달려온 길의 앞날은 행복밖에 없다.

이제 계획하는 것은 30대 초중반에 학위를 마무리하는 것이다. 학위가 넘쳐나는 시대에 지금 내 모습은 어떻게 보면 당연하게 들릴 수도 있지만, 적어도 환경이 불리했기에 이 모든 지난 시간들이 의미 있는 시간이다. 평생 직업에 매일 필요가 없다는 사실과, 그 당당한 자유를 찾기 위해서는 오늘 무수한 경험과 실패를 통해 스스로의 답을 찾아야 한다.

* * *

비즈니계의 전설로 통하는 마윈은 이렇게 말한다.

"진정으로 성공하면 당신이 하는 모든 말은 진리가 된다."

성공하기 위해서 꿈에서 행동이나 언행이 뒷받침되지 않으면 과대 망상일 뿐이라 생각한다. 화려한 이력이나 성공담보다 독특한 나만의 인생철학을 가지고 꿈에게 기회를 준다면 미래는 아름다울 것이다. 진심으로 꿈꾸는 자는 눈빛에서 알 수 있다. 내면에서 움직이는 기운으로 상대방을 통섭한다. 부드럽고 온화함을 뛰어넘은 기운을 위해 오늘도 달려야 한다.

꿈꾸고 또 꿈꾸면 미래에 무슨 일이 벌어질까?

나답게 뜨겁게 화려하게

초판 1쇄 인쇄 2016년 6월 24일
초판 1쇄 발행 2016년 6월 30일

지은이 박효은
발행처 도서출판 넥스웍
발행인 최근봉

북디자인 김윤남
주소 경기도 고양시 행신동 햇빛마을 2004동 1206호
전화 031) 972-9207
팩스 031) 972-9208
이메일 cntpchoi@naver.com
등록번호 제2014-000069호

이 도서의 저작권은 도서출판 넥스웍에 있으며
일부 혹은 전체내용을 무단 복사 전재하는 것은 저작권법에 저촉됩니다.

ISBN: 979-11-952878-5-7(13320)

＊값은 표지 뒷면에 표기되어 있습니다.
＊잘못된 책은 구입하신 서점에서 바꾸어 드립니다.